历史面面观

ALL ABOUT HISTORY

AGE OF DISCOVERY

大发现时代

看欧洲如何殖民掠夺世界

[英] 查尔斯 · 金杰 — 编著

尹翎鸥 任九菊 — 译

AGE OF DISCOVERY

新世界出版社

NEW WORLD PRESS

审图号：GS（2023）1922号

著作权合同登记号：京权图字01-2021-3466号

图书在版编目（CIP）数据

大发现时代 /（英）查尔斯·金杰编著；尹翎鸥，
任九菊译. -- 北京：新世界出版社，2023.8
（历史面面观）
ISBN 978-7-5104-7697-6

Ⅰ.①大… Ⅱ.①查… ②尹… ③任… Ⅲ.①殖民主
义—历史—欧洲 Ⅳ.①K504

中国国家版本馆CIP数据核字(2023)第062444号

大发现时代

编　　著：[英]查尔斯·金杰
译　　者：尹翎鸥　任九菊
审　　校：崔学森
责任编辑：张晓翠
装帧设计：贺玉婷
责任校对：宣　慧　张杰楠
责任印制：王宝根
出　　版：新世界出版社
网　　址：http://www.nwp.com.cn
社　　址：北京西城区百万庄大街24号（100037）
发 行 部：（010）6899 5968（电话）　（010）6899 0635（电话）
总 编 室：（010）6899 5424（电话）　（010）6832 6679（传真）
版 权 部：+8610 6899 6306（电话）　nwpcd@sina.com（电邮）
印　　刷：小森印刷（北京）有限公司
经　　销：新华书店
开　　本：787mm×1092mm　1/16　尺寸：185mm×260mm
字　　数：230千字　印张：11.5
版　　次：2023年8月第1版　2023年8月第1次印刷
书　　号：ISBN 978-7-5104-7697-6
定　　价：78.00元

欢迎阅读
“历史面面观”系列之
《大发现时代》

世界其实很小，至少过去是这样。想象一下，在一张地图上，欧洲的边界被详细划定了，而非洲和亚洲的边界却几乎没有任何标记，消失在虚无之中。美洲和大洋洲就更不用说了。发现时代改变了这一切。欧洲人开始探索世界，并在这一过程中目睹了先进的文明、美丽的建筑和巨额的财富。他们在地图上标注新的大陆，用掠夺来的财富填充自己的国库。在《大发现时代》里，你会读到全球殖民主义推动者的故事，了解当时主要的宗教是如何获得数以百万计的忠实信徒，并审视至今仍能引起共鸣的欧洲殖民统治的影响。

Contents
目录

非洲

大洋洲

遗留问题

公元前的 13 次探险

前哥伦布时期

Before Columbus

克里斯托弗·哥伦布不是第一个探险家
探险的悠久历史可以追溯到人类的早期

跨越冰川 大约公元前 17000 年

考古学家和历史学家确信：人类进入北美洲的第一次迁徙是从东西伯利亚到西阿拉斯加，之后狩猎采集者在北美和南美大陆散布开来，到公元前 12000 年，定居者已遍布整个美洲大陆。他们的主要分歧是迁徙发生的确切时间。

△ 旧石器时代在美洲生活的狩猎采集者可能会遇到现在已经灭绝的巨型动物

有些人认为，阿拉斯加最早的人类足迹出现在大约 19000 年前的末次冰盛期，当时冰盖吸收了北太平洋的海水，形成了一座横跨白令海峡的大陆桥。这些史前移民可能在白令陆桥暂做停留，在大片冰川融化并浮现出一条通往北美的道路后继续前进；他们也可能通过洛朗蒂德和科迪勒拉冰原之间的一条狭窄的无冰走廊进入到荒无人烟的美洲。

另一些人则认为，迁徙发生得更早，可能是 4 万多年前海路移民浪潮的延续。也许这些移民不是徒步迁徙，而是沿着海藻高速公路航行，沿着太平洋沿岸地区丰富的海洋森林乘船来到美洲。这一假说也许可以解释为什么人类能如此迅速地从阿拉斯加来到南美洲的最南端。

人类是何时、如何到达美洲的，目前尚不清楚，但 DNA 测试、考古发掘和地质分析一直在不断完善我们对旧石器时代探索者的认知。

重新开放通往邦特的路线

公元前 2750 年，埃及

△ 汉努在代尔埃尔巴哈里他的坟墓中的画像

据一篇可以追溯到埃及第十一王朝的铭文记载，在门图荷太普三世统治的第八年，他派遣宰相汉努南下远征。汉努率领 3000 名士兵在科普托斯离开了尼罗河，沿着瓦迪哈马马特河谷干涸的河床穿越了 160 公里的东部沙漠。途中他们在五个绿洲停下休整，让士兵和他们的牲口（可能是驴）饮用淡水，恢复体力，之后继续在炎热干燥的环境中长途跋涉。在到达现在红海沿岸的奎希尔之后，他建造了船只并向南航行到了邦特之地——一个位于埃塞俄比亚和索马里，也可能是阿拉伯半岛南部的古老王国。

回到底比斯时，他满载着熏香、贵重金属和香水，在瓦迪哈马马特河谷沿岸挖了 12 口井，打败了拒绝接受门图荷太普三世统治的叛乱分子，还抽时间从河床中挖出石头送给法老，作为他献给代尔埃尔巴哈里祭祀神庙的祭品，他自己最终也葬在了那里。汉努重新开启了沉睡了 200 年的贸易路线，为“中王国时期”的繁荣做出了贡献。

西拉克斯的勘察

大约公元前 520 年，印度河流域和埃及

大流士大帝统治时期，阿契美尼德帝国的疆土空前扩张，但他仍然渴望征服更大的疆域。大流士很想知道他的军队下一步该攻向哪里，于是他派了一个希腊水手——卡里安达的西拉克斯去勘察他的领土边界。时过境迁，勘察队的确切路线已经不得而知，但西拉克斯的舰队有可能是从白沙瓦出发，沿着喀布尔河向东航行，然后转向南方，驶入印度河。西拉克斯沿印度河航行，然后绕过阿拉伯半岛到达苏伊士。

西拉克斯 30 个月的勘查报告已经遗失，但是一些片段被后来包括希罗多德在内的历史学家引用。尽管西拉克斯的一些说法有些异想天开——比如，据说西拉克斯遇到了一个独眼部落——但大流士征服了印度河流域并将其作为印度省纳入他的帝国，这是千真万确的。大流士还下令清理连接尼罗河和红海的古法老运河。通过这两次行动，大流士让阿契美尼德帝国的船只从波斯东部边缘航行到了埃及和地中海，使他的帝国成为那个时代卓越的海上强国。

◁ 西拉克斯的勘察任务使得阿契美尼德帝国空前向东扩张

▽ 皮西亚斯很可能也在他漫长的航行中探索过

皮西亚斯的奇闻轶事

大约公元前 320 年，英国和北极

马萨利亚可怜的皮西亚斯，这位勇敢的希腊航海家从家乡出发，绕过了不列颠群岛，甚至到达了遥远的北方。但当他结束 6 年的航行回国时，几乎没人相信他所描述的经历。

罗马博学家斯特拉博见过皮西亚斯后，这样描述这位水手："皮西亚斯，许多人都被他误导了。"欧洲西北部有一些有人居住的岛屿，这种想法似乎很荒谬。皮西亚斯称，那里的居民种植庄稼，喝酿造的酒醅，开采锡，使用铁质工具，乘坐木质战车。他还发现了北部另一个寒冷的岛屿——可能是冰岛或挪威。

也许他同时代的人怀疑他是因为他对一个既不是海也不是陆地的区域的荒谬描述："那是一块由所有这些元素凝固而成的区域，类似于海肺。"据皮西亚斯说，这个奇怪的区域无法通行，而且每天只有几个小时的日照时间。皮西亚斯完全不知道他已经航行到了遥远的北方，他面对的是北极的海冰。毕竟，对于习惯于穿越爱琴海和地中海温暖水域的水手来说，冰山是一个陌生的概念。

“13 年前出发的 100 人中只有张骞和他的向导平安回到了长安”

张骞的使命

公元前 139—公元前 126 年 中亚

△ 张骞带着新的马匹品种及包括葡萄和苜蓿在内的植物回到了中国

张骞远征西域出师不利。汉武帝希望这个值得信赖的军官及其随行的 99 人，能够与遥远的部落联系，结成联盟，共同对抗频频袭扰的匈奴。然而要完成这个任务，张骞需要先穿越敌境。他很快就被抓获，11 年后才逃了出来。

重获自由后，张骞继续他的使命。但是，当他到达大月氏后，他发现那里是一个稳定的农业社会，他们并没有意愿和汉室联合起来对抗匈奴。在回国前，张骞花了一年的时间记录中亚及其周边地区（其中包括大夏和条支）种族的生活。回国途中这位不幸的探险家再次被匈奴人抓获，并被关押了两年，后来他在匈奴领袖死后各方内讧时偷偷溜走。最终，13 年前出发的 100 人中只有张骞和他的向导平安回到了长安（现在的西安）。

因为两次被捕和没有促成联盟，张骞的远征最初被认为是失败的，但当皇帝和朝廷意识到他带回的详细信息的价值后，人们对他远征的态度转向肯定。随后开始的对外贸易证明了张骞出使西域是中国人踏上丝绸之路的第一步。

慧超的朝圣之旅

723—727 年，亚洲

对慧超来说，踏上前往佛教故乡的朝圣之旅一定需要很大的勇气，他希望能揭开佛陀语言和文化的秘密。去佛教圣地朝圣由来已久，但新罗僧人完成这一危险旅程的速度是非凡的——他在三到四年内便朝圣归来，与其他任何我们知道的早期亚洲朝圣者相比，慧超用更短的时间走过了更多的路。

慧超首先来到中国，之后去了南亚的许多佛教圣地，其中包括菩提伽耶，据说佛陀在那里悟道成佛。他途经拜占庭帝国、波斯和几个中亚国家，足迹远至阿拉伯。之后他转向东方，沿着丝绸之路回到了中国北部。回国后，慧超描述了他的观察和经历，讲述了从当地人那里听到的关于当地的故事和传说，并指出随着伊斯兰教在亚洲的传播，佛教似乎正在衰落。

慧超零碎的笔记和诗歌直到 1905 年才在敦煌沙漠寺庙建筑群的一个洞穴中被重新发现。从那时起，他被尊为佛教最伟大的探险家之一。

△ 慧超前往佛教圣地的朝圣之旅，使他从新罗来到了现在的伊拉克

伊本·法德兰的外交使命

921—922 年，东欧平原

△ 伊本·法德兰对维京人船葬的惊人描述，凸显了维京人和阿拔斯人相遇时的文化冲突

阿拔斯帝王朝哈里发穆克塔迪尔向保加尔汗国的埃米尔埃尔米斯派遣了一批外交官，其中包括宗教顾问艾哈迈德·伊本·法德兰。他的任务是向居住在伏尔加河东岸新近皈依的部落解释伊斯兰教教义和法律。在他们从巴格达出发沿着里海东海岸向北推进的旅途中，阿拔斯外交使团穿过了几个突厥民族的土地——他们有些友好，有些不那么友好。伊本·法德兰记录了自己旅途中的每一进程，不过书中主要讲述的是他在异域的奇特经历。

伊本·法德兰描述的罗斯人（西欧人把他们称为维京人）身材高大，金发，身上有大量文身，是北欧海盗和商人。伊本·法德兰对罗斯人的葬礼特别感兴趣，他用大量血腥的细节描述了一个酋长的葬礼，在这个船葬中仆人被强奸和献祭。

埃尔米斯埃米尔对外交使团从哈里发那里带来的问候信和礼物无动于衷。他对宗教指引不感兴趣，但他想要更多的钱来建造一座新堡垒。伊本·法德兰历经了 4000 多公里的艰难旅程才见到埃尔米斯埃米尔，但他的努力似乎是徒劳无功的。

△ 尽管圣布伦丹在大西洋航行的真实性受到历史学家的质疑，但他无疑是一名航海家

圣布伦丹之旅

512—530 年，北大西洋

早期的教会将基督教的传播视为首要任务，这也是爱尔兰克朗弗特僧侣布伦丹铭记于心的任务。在他担任牧师的早期，他在游历爱尔兰、苏格兰、威尔士和布列塔尼时建立了许多修道院。然而，布伦丹有更高的期望，他开始在大西洋航行寻找伊甸园。

他和他的船员（根据不同的记录，人数在 17 至 150 人之间）在凯里海岸禁食祷告了 40 天，然后乘坐一艘轻便的木质小船在大海中航行。

根据现存手稿（最早可追溯到事件发生后 400 年）对这次航行的描述，布伦丹一行人到过许多不同的岛屿。其中有传说中的圣布伦丹天堂岛，该岛突然沉没，变成一只海怪或鲸鱼；还有一块小岩石，他们在上面发现了加略人犹大——那是他在周日和节日期间逃离地狱的地方。

历史学家们争论这些民间传说背后是否暗藏真相。许多人试图定位圣布伦丹岛，但人们对它地理位置的看法各不相同：近到爱尔兰沿岸的小岛，远到包括亚速尔群岛、加那利群岛、法罗群岛或马德拉群岛在内的大西洋岛屿。

维京人在文兰

1000—1002 年，北美洲

早在哥伦布发现新大陆的五百年前，莱夫·埃里克松就成了已知的第一个踏上北美大陆的欧洲人（不包括位于与欧洲大陆交界处的北美格陵兰岛，那里是维京人的居住地，也是他实际上的目的地）。挪威国王派埃里克松去格陵兰岛传播基督教，但他的船被风吹离了航道，他因而发现了一块看似富饶的新大陆。离开新大陆后他救了两名遇难的维京人，并最终航行到了目的地格陵兰岛，但是他决心要带着一支完整的探险队回到他在西部发现的新大陆。

△ 莱夫·埃里克松是探险家的后裔——他的父亲是格陵兰第一个维京人定居点的创建者

根据《红胡子埃里克松传奇》和《格陵兰人传奇》的描述，埃里克松第二次新大陆探险航行的冬天是在一个有大量鲑鱼的海湾度过的，他发现那里周围的土地长满了葡萄树，因此为这个地方取名文兰。考古学家在纽芬兰北端的兰塞奥兹牧草地发现了一个维京人的定居点，但这也可能是航海者的途经点，而莱夫的营地可能在更南的圣劳伦斯湾。

埃里克松满载着葡萄和木材回到了格陵兰岛，并凭借以此带来的利润，后半生过上了富足的生活。一些维京人跟随他的脚步来到文兰，但他们没能成功在文兰建立定居点，因为他们与美洲土著发生了冲突。500 年后，欧洲人才又开始了对西大西洋的探索。

发现新西兰

大约 1200 年，波利尼西亚

◁ 波利尼西亚独木舟可能看起来很原始，但它们可以在太平洋上长途航行

两千年来，浩瀚太平洋上的无数小岛慢慢布满了波利尼西亚人的足迹，他们的祖先可以追溯到东南亚。波利尼西亚人在汤加、萨摩亚、塔希提和夏威夷岛上定居，直到该地区最南端的最大岛屿——新西兰被发现后波利尼西亚人的迁徙才结束。

根据毛利人（波利尼西亚探索者的新西兰后裔）的传说，发现新西兰的探险是由来自塔希提的库佩和恩加休领导的，他们航行了大约 4000 公里才看到陆地。虽然他们的船只通常被称作独木舟，但这种双体船样式的双壳船实际上却并不小，它可以容纳陪同海员探险的妻子和孩子，并足以在风暴肆虐的太平洋中幸免于难。

库佩和恩加休在北角登陆，然后顺时针绕北岛和南岛航行——他们将那里命名为奥特亚罗瓦，他们偶尔会停下来搜索补给品。从塔希提带来的锚被留在了波里鲁阿的海滩上（现在可以在新西兰自治领博物馆看到），当地的一块石头被用作替代锚。库佩和恩加休带着关于南部大片无人居住岛屿的传说回到了塔希提岛，直到一两个世纪后才有人尝试去那里定居。

马可·波罗

1271—1295 年，亚洲

△ 马可·波罗被中国的财富和礼仪所吸引

在一千年的时间里，丝绸之路（得名于出口的丝绸）是中国出口商品从远东运往欧洲的必经之路。然而，这条路线实际上是一个分段网络；货物沿着这条路线的小段缓慢运输，沿途经历多次交易。马可·波罗的父亲和叔叔想做不一样的尝试——到中国，然后直接把货物带回威尼斯。他们带着 17 岁的马可·波罗开始了为期三年的上都之旅。

一路上，波罗一家途经耶路撒冷，绕过印度库什山脉，穿过戈壁沙漠。在中国，他们拜见了忽必烈汗，马可·波罗同意作为大汗的信使留在中国。在接下来的 17 年里，他走遍了广阔的元帝国，对钦载（今杭州）和大运河印象尤为深刻。在离开 24 年后，波罗一家带着一大笔财富回到了家乡。在故乡威尼斯对抗外敌的一场战争中，马可·波罗被热那亚人俘虏。他在狱中用三年的时间口述自己的经历，由他人记录整理成了一本游记。这本备受欢迎的大部头巨著使马克·波罗，至少在西方世界，被列为史上与克里斯托弗·哥伦布齐名的最著名的探险家。

“船长向皇帝讲述了一个巨大漩涡的故事，这个漩涡把另外 199 艘船深深吸进了海底”

阿布·贝克尔的失踪

公元 1312 年前，大西洋

△ 从那以后，曼萨·穆萨讲述的其前任失踪的离奇故事一直吸引着历史学家

马里的皇帝阿布·贝克尔二世想知道，与他疆域西面相连的浩瀚海洋是否像流经本国的尼日尔河一样，两岸都有陆地。作为一个极其富有的帝国统治者，他直接派遣了一支由 200 艘船组成的舰队去探索地平线之外的地域，但最终只有一艘船平安返回。船长向皇帝讲述了一个巨大漩涡的故事，这个漩涡把另外 199 艘船深深吸进了海底。但是这位疑心重重的统治者决定继续探索。他把帝国交给摄政王打理，下令准备 2000 艘船，亲自前往未知世界。然而，帝国远征队从此销声匿迹。

据记载，阿布·贝克尔的摄政王兼继任者曼萨·穆萨在麦加朝圣归来途中向埃及东道主讲述了阿布·贝克尔如何鲁莽行事结果英勇殉难的故事。一些异想天开的推测认为，阿布·贝克尔已经安全抵达了美洲，但是许多历史学家认为这种说法背后的证据是站不住脚的。更有可能的是，这个世界上最富有帝国的统治者从未发现大西洋彼岸的陆地。

伊本·巴图塔的冒险

1325—1354，非洲和亚洲

巴图塔出生在摩洛哥的丹吉尔，当他决定离开祖国去朝圣时，他开启了 29 年的环游世界之旅。在与商队结伴之前，巴图塔独自骑着驴开始了他的北非之旅。他在突尼斯、亚历山大、开罗、大马士革和耶路撒冷短暂停留，最终在出发 18 个月后，完成了他的麦加朝圣之旅。

作为旅行的狂热爱好者，巴图塔之后探险的目的地越来越具有异国情调：他首先穿过了伊拉克和波斯，然后到达阿拉伯半岛南部和非洲东海岸，之后抵达安纳托利亚、君士坦丁堡和印度。在德里当了几年法官之后，巴图塔再次出发，他穿过马六甲海峡来到了中国。这位游历四方的摩洛哥人有幸会见了中国的最后一位蒙古皇帝妥懽帖睦尔，然后决定回家。

在快到摩洛哥时，巴图塔听说他的父母在他离家的这段时间里已经去世，于是他决定继续他的旅行。巴图塔迅速穿过地中海，来到穆斯林控制的西班牙，然后掉头向南，进入非洲的心脏地带，最后回到了他的家乡，口述了自己的回忆录。巴图塔的旅行欲望终于得到了满足，他在游历了大约 12 万公里和 44 个国家之后，留在了家乡。

△ 巴图塔在旅途中遭到土匪袭击，差点被淹死，还被威胁砍头

起 点

外面的世界

There's a World Out There

发现时代如何拉开序幕

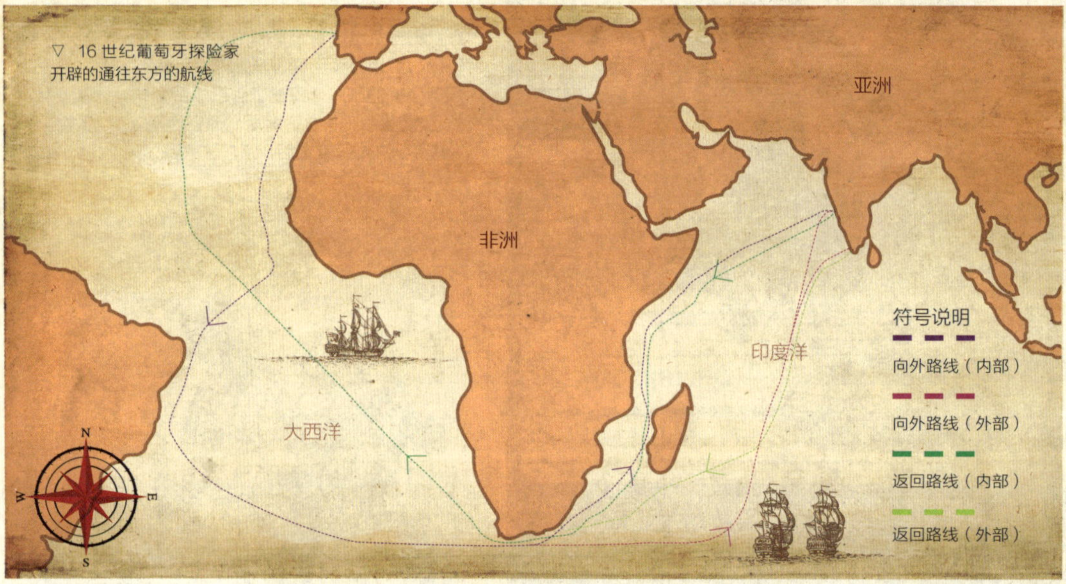

书中地图系原文插附地图

在 15 世纪早期，葡萄牙是一个位于世界边缘的贫穷国家，与其他任何国家都相隔数百英里（1 英里约 1.6 千米）。而地中海正如它的拉丁语名称所宣告的那样，被欧洲人认为是世界的中心。航海强国意大利的威尼斯和热那亚，垄断了与东方利润丰厚的贸易。正是这种贸易带来的收入，使威尼斯人得以建造一座象征着他们财富之源的水上奇迹之城。葡萄牙人所拥有的只有海洋，无边无际的“世界海洋”，根据地理学家托勒密的说法，它可能是无边无际的，包围着世界上所有的陆地。

托勒密认为，传说中生产世界上大部分高价值商品的印度洋是被陆地包围的，这使

▽ 卡拉维尔帆船，葡萄牙革命性的帆船设计，为欧洲探险家们打开了海洋的大门

葡萄牙想要加入这一有利可图的贸易的希望变得更加渺茫。古代最显赫的权威断言，葡萄牙人就算航行到世界的尽头，也无法进入进行胡椒、黄金和丝绸贸易的港口。他们将永远被西部的海洋边界困住。但是在葡萄牙王室的全力支持下，通过几代人的共同努力，这个弱小、贫穷的国家（最初葡萄牙国王太穷以至于无力铸造金币）从根本上改变了世界的本质，造就了我们今天所生活的联系紧密的全球化世界。

为了实现这一目标，葡萄牙人充分利用了一些国内外的发明，其中最重要的是阿拉伯商人从中国进口的指南针和葡萄牙发明的卡拉维尔帆船。这种革命性的船型设计为葡萄牙探险家打开了大西洋的大门，水手们可以在逆风行驶时来回转舵，使船与风形成一定角度，以便逆风航行。卡拉维尔帆船快速而灵活，三角形的拉丁帆增加了它逆风航行的能力，而方形的横帆使它可以高速航行。

第一个带领葡萄牙人探索非洲西海岸的是航海家亨利王子。亨利希望找到一条通往印度洋的航线，并与传说中在东方统治着一个伟大基督教王国的祭司王约翰取得联系。葡萄牙人为了从穆斯林手中夺回土地进行了长达几个世纪的斗争。现在亨利的目标是战胜伊斯兰世界，夺得有利可图的印度洋香料

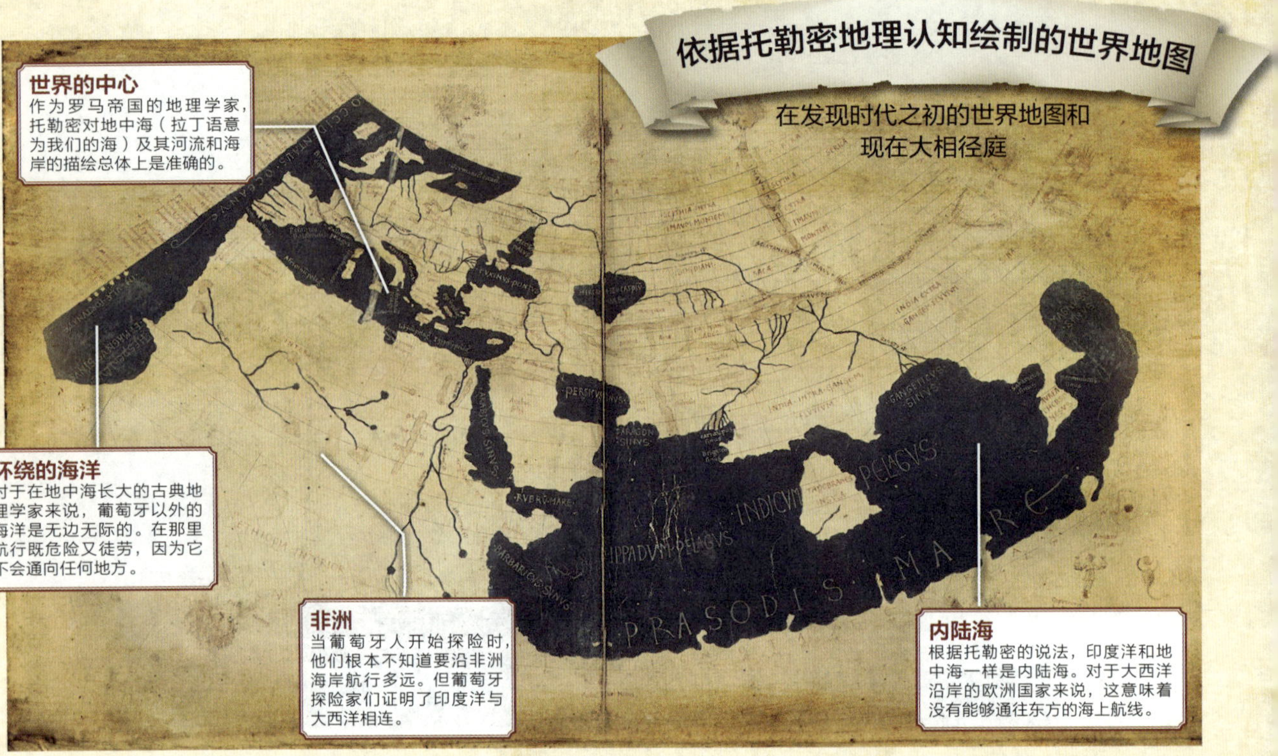

贸易，并与祭司王约翰结盟。为此，亨利发起了一系列沿非洲海岸的航海探险。每一次探险都比上一次向南有所突破，每一次探险也都能带回对其他航海家和聚集在里斯本的地理学家有用的地理和航海信息。从前被忽视的里斯本在15世纪成了交换地理信息的关键枢纽，人们在这里分享新闻和发现。与此同时，这里也被小心翼翼地保护起来，不受其他国家的侵犯。到亨利死时，葡萄牙人已经向南探索到现在的塞拉利昂，还发现了大洋中两处从前不为人知的群岛：马德拉群岛和亚速尔群岛。葡萄牙人对海洋地理知识的了解开始超越托勒密。

打开世界的最后一步是在若昂二世的统治下完成的。对葡萄牙人来说，若昂将成为历史上的完美君王。连他的对手也承认他与生俱来的威严。伊莎贝拉，卡斯蒂利亚女王，即后来的卡斯蒂利亚和阿拉贡联合王国的王后，称若昂为“男子汉”。在位期间，若昂发起了多次海上远征，最终解决了阻止葡萄牙人沿非洲海岸继续向南前进的航海难题。

难题来自风。在几内亚湾，风变得不稳定，经常慢慢平静下来。沿海岸线的航行因此被扼杀。要想继续南下，就需要更强、更稳定的风。这种风只存在于大洋中，所以葡萄牙航海家没有沿着海岸一英寸（1英寸约2.5厘米）一英寸地向南移动，而是卷起船帆，竖起罗盘，在到达遥远的几内亚南部后驶向了开放的海洋。

他们乘坐 12 米到 18 米长的卡拉维尔帆船，在广袤无垠的海洋上连续航行几天甚至几个星期，先是向西南，然后是正南，在到达低纬度地区后他们又转向东方。1488 年，巴尔托洛梅乌·迪亚斯终于到达并通过好望角，打开了印度洋航线，也证明了托勒密在地理认知上的错误。但同时，这些最早的航海家还不知道，西南方的航线把他们带到了一个完全不为旧世界所知的新大陆：美洲。受雇于葡萄牙的竞争对手卡斯蒂利亚王国的克里斯托弗·哥伦布，雇用了一名葡萄牙航海家，试图利用这种新的航海技术找到一条从西到东的航线。然而出乎意料的是，他发现了一个新世界。发现时代正式开始了。

△ “男子汉”：葡萄牙国王若昂二世，对开启发现时代贡献最大的君主

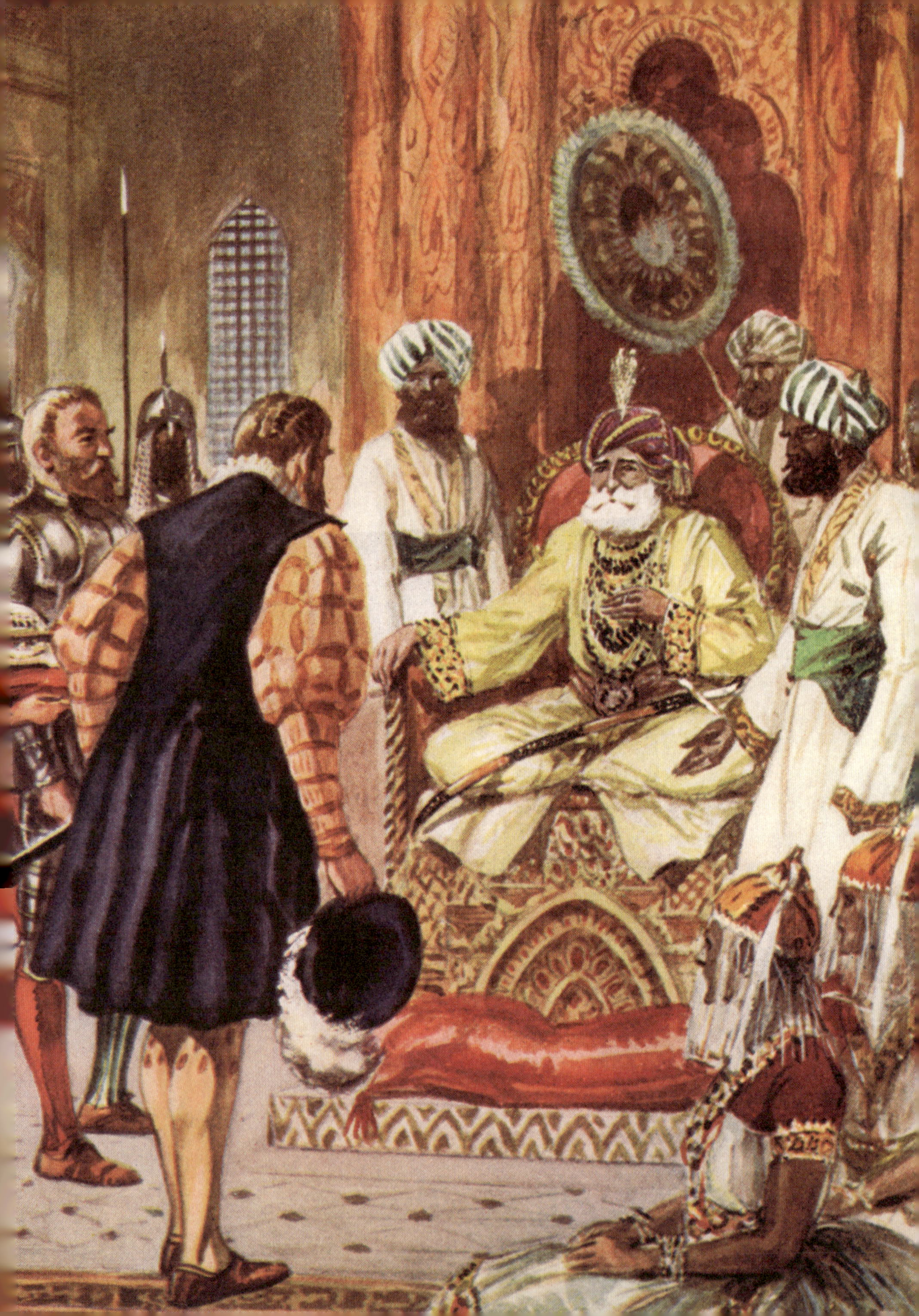

葡萄牙帝国

The Portuguese Empire

葡萄牙从小国开始崛起，靠胆识逐渐强大，随后成为其他早期现代强国的嫉妒对象，也因此陷入激烈竞争，加速衰落

1890 年，葡萄牙接到了最后通牒。几个世纪以来，英国、法国和荷兰一直在蚕食葡萄牙帝国剩余的皇权。在 19 世纪进入最后十年之际，英国发出了最后通牒，要求里斯本放弃通过占领英属殖民地将安哥拉和莫桑比克这两个葡萄牙殖民地连接起来的计划。这次外交上的小冲突导致了葡萄牙社会和政治上的重大变革，并对曾经被誉为世界上最强大帝国的葡萄牙造成了致命的打击。

这类冲突由来已久。从 17 世纪开始，葡萄牙就发现其多处帝国领地遭到欧洲对手的攻击。这些对手想要分割葡萄牙通过其遍布非洲、亚洲、太平洋和美洲的殖民地所赢得的财富和权力。整个 18 世纪和 19 世纪，荷兰人和英国人为了在印度利润丰厚的贸易路线上分得更大的份额不断侵占葡萄牙人在印度各地的据点，葡萄牙的势力开始衰落和分裂。曾经引领征服世界的里斯本，不情愿地沦为全球舞台上无足轻重的角色。

15 世纪初，葡萄牙刚开始向外扩张时还只是一个不起眼的小国。1415 年 8 月，野心勃勃的国王若昂一世和他的三个儿子对位于北非最顶端的休达发起了突袭。休达是一个重要的贸易站，因其地理位置面向欧洲而具有重大的战略意义。攻占休达后，葡萄牙王室一度不知道该如何处置它，但很快它就成了若昂的儿子、推动航海行动的亨利，沿非洲海岸进行勘探的起点。和其他探险家一样，亨利希望扩展自己的视野，但作为王室的主要成员，他也知道，葡萄牙需要并希望改善

△ 18 世纪的葡萄牙瓷砖艺术，它描绘了1415 年葡萄牙攻占摩洛哥休达的场景

贸易状况，以提高它的国际地位。

葡萄牙扩张的主要动力是希望涉足香料和糖等利润丰厚的贸易，因为这些贸易为通过中东贸易路线进行交易的欧洲强国带来了巨额收益。葡萄牙需要另一个进入这一富有世界的入口，它在1434年终于得偿所愿。那年，亨利的一名水手吉尔·埃亚内斯成功地航行到了非洲西海岸神秘的波加多角，这是欧洲人第一次到达那里。被称为航海家的亨利王子，对航海新技术的发展也发挥了巨大作用，其中包括支持研发出被称为卡拉维尔的更快、更轻的帆船。发现时代就此拉开了序幕。

探险队开始从葡萄牙蜂拥而出，沿着非洲海岸不断向南推进，并在途中建立定居点。他们还向西进发，1462 年，葡萄牙探险队发现了非洲海岸外的佛得角群岛并定居下来。这里后来成了跨大西洋奴隶贸易的主要据点。

大约在同一时期，马德拉群岛占据了大部分利润丰厚的食糖交易市场，而大西洋中部的亚速尔群岛则通过小麦生产获得了丰厚利润。1488 年，巴尔托洛梅乌·迪亚斯绕过好望角，开启了与亚洲贸易的可能性。此时，葡萄牙已经在非洲海岸建立了一个由堡垒和贸易站组成的复杂网络，这一网络奠定了从黄金到奴隶等各种贸易的基础。

但是，葡萄牙真正想要的是在印度建立

基地。1492 年，当克里斯托弗·哥伦布为西班牙君主航海归来时，葡萄牙国王感觉受到了威胁。1494 年，葡萄牙与西班牙签订了《托德西利亚斯条约》，用位于佛得角群岛以西 2000 公里的一条假想线为两国分割了欧洲以外的世界。几年后，葡萄牙人再次向南加速探险，试图击败它的对手率先到达印度。

1497 年 7 月 8 日，瓦斯科·达·伽马从圣加布里埃尔启航，年末时，他绕过了好望角。1498 年 5 月 20 日，达·伽马在喀拉拉邦的卡利卡特登陆，成为第一个航行到印度的欧洲人。成功开辟与印度的贸易路线给达·伽马带来了巨大的个人荣耀，同时也为葡萄牙开启了帝国的光辉岁月。在接下来的几年里，葡萄牙全国各地建起了港口，胡椒和肉桂等商品的贸易蓬勃发展。

△ 由于葡萄牙试图夺取印度的部分领土和环绕其海岸的贸易路线，巴西几乎被葡萄牙忽略了。但到 16 世纪中期，巴西成了探索和定居的中心

与此同时，佩德罗·阿尔瓦雷斯·卡布拉尔率领他的葡萄牙船队向南美洲东海岸进发，并于 1500 年登陆。这片土地上满是一种被征服者称为“paubrasil”（一种巴西红木）的木材，因此它的名字很快就被用来命名这片新领地。葡萄牙，这个在不到一个世纪前开始寻求扩张的小国，现在控制了一个巨大的贸易路线网络，该网络连接着构成其庞大帝国的众多领地。1502 年，新的皇权颁布了旨在保护船只不受竞争对手和海盗侵害的卡特兹许可制度。

此时，葡萄牙对扩张的兴趣已经超越了贸易和财富。最初进军未知水域时，葡萄牙就怀有除贸易和财富之外的其他动机，现在随着它在世界舞台上实力的展现，这些动机变得越来越重要。基督教的传播，以及对包括伊斯兰教在内的其他信仰的反对，都成了焦点。葡萄牙还希望在越来越多的地区殖民，强权统治这些地区。所有这一切都是为了确保其在印度的地位。

阿方索·德·阿尔布开克在 1506 年帮助葡萄牙占领了通往红海的入口，并开始封锁印度洋，以维护葡萄牙在那里的垄断地位。这使他陷入了与奥斯曼帝国的冲突，引发了一系列的战争。他在一些著名战役中取得了的重大胜利。1509 年，阿尔布开克被任命为葡萄牙在印度的总督，此后不到两年，他就为葡萄牙占领了果阿和马六甲，并开始了对印度尼西亚的探索。1512 年，他发现了帝汶岛。不久之后，葡萄牙人开始第一次入侵中国，但是他们的进攻混乱无章，冲突最后以葡萄

△ 这幅画作描绘了4位最著名的葡萄牙探险家：瓦斯科·达·伽马、阿方索·德·阿尔布开克、努诺·达·库尼亚和佩德罗·马什卡雷尼亚什

牙兵败和撤退告终。然而，随着之后几年其影响力的进一步扩大，葡萄牙帝国成了第一个与中国和日本建立贸易路线的欧洲强国。

法国对巴西的威胁引发了新的移民潮，16世纪30年代，葡萄牙为了巩固其在南美洲的地位，在巴西不断建立新的殖民地。16世纪初期，葡萄牙帝国似乎是坚不可摧的。它在波斯湾和印度各地占领了新的领地，并在与其主要对手西班牙的战争中夺得摩鹿加群岛。截至16世纪中叶，葡萄牙已经控制了欧亚之间以及包括印度和非洲大部分地区在内的多条贸易路线。

帝国让葡萄牙的国王们变得非常富有，但16世纪过后，帝国也使他们变得脆弱不堪。1580年，葡萄牙王位空缺时，西班牙的腓力二世夺下王位。他有继承王位的权利，同时也有足够的权力击败他的对手。1581年，在宣誓就任为葡萄牙国王后，他创建了一个葡萄牙帝国与西班牙帝国的个人联盟。他的新王国保留了许多管理方面的自治权，同时也使葡萄牙得以共享西班牙的贸易路线。但与此同时葡萄牙也成了西班牙的对手的目标。同年，腓力二世在荷兰的部分殖民地终于赢得了他们寻求已久的独立。商人们开始把目光投向在过去两个世纪里给欧洲大陆带来巨大财富的帝国殖民地。

到1640年与西班牙的联盟结束时，葡萄牙的国际地位已经大大削弱。1602年，荷兰人因在亚洲和印度推进贸易路线而引发了与葡萄牙的战争，与此同时，英国人也在蚕食葡萄牙帝国的领地。然而，17世纪末，在巴西发现的黄金为葡萄牙帝国带来了新的财富，位于里斯本的王室宣布，拥有所有已发现黄金的20%。但随着巴西的繁荣，其居民的思想转向了独立。同时，里斯本发生的一系列灾难，其中1755年造成数十万人死亡的地震和海啸削弱了它的中央集权。19世纪初拿破仑的崛起进一步削弱了葡萄牙的国际地位，到19世纪中叶，巴西宣布独立后，里斯本将其帝国的力量集中转向了非洲。

为了重新确立其在世界舞台上的显赫地位，葡萄牙开始努力在非洲建立更大的殖民地。19世纪80年代绘制的粉红地图表明葡萄牙有野心将其所有殖民地连接起来，创建一个横跨非洲大陆中心地带的庞大帝国。但是，面对殖民地人民的反抗，中央政府没有能力继续推进计划。而英国在1890年发出的最后通牒也有效地结束了葡萄牙的殖民扩张。20世纪，独立运动瓦解了葡萄牙仅存的帝国权力。

葡萄牙最终无力阻止殖民地的独立进程。果阿在20世纪60年代被印度夺取，贝宁也获得了自由。随着安东尼奥·萨拉查政权的垮台，剩下的非洲领地也都摆脱了殖民。被葡萄牙占领的澳门于1999年回归中国，葡萄牙这个被公认为最早的世界强国之一的帝国殖民就此虎头蛇尾地结束了。

“这种扩张的主要动力是希望涉足利润丰厚的贸易”

△ 到了18世纪，荷兰人已经习惯将他们的船只驶入葡萄牙的水域和港口，当时的葡萄牙王权面临着来自欧洲邻国的挑战

△ 狡猾、聪明、勇敢和坚定的埃尔南·科尔特斯在中美洲开辟了一条道路，并激励了许多后来的征服者

殖民美洲

西班牙帝国

The Spanish Empire

对新世界的渴望使一个在全球范围内拥有财富和权力的帝国快速崛起，也同样急剧衰落

西班牙帝国从亚洲延伸到美洲，它在殖民地的影响力根深蒂固，即便是在正式瓦解一个多世纪后，仍然发挥着作用。西班牙帝国是世界上最强大的帝国之一，它给统治者带来了数不清的财富，也给那些在它快速扩张过程中被征服的国家带来了难以想象的灾难。它在远离其国土几千英里的土地上留下了语言、宗教和文化遗产，但它殖民土地之辽阔也成为不利因素，间接导致了它的瓦解。

> 在其鼎盛时期，西班牙帝国占地面积达到1370万平方公里，占世界陆地面积的10%以上

西班牙帝国通过主导16世纪政治的暴力征服登上了世界舞台。当热那亚探险家克里斯托弗·哥伦布因希望为他的亚洲航行计划赢得支持而来到西班牙宫廷时，阿拉贡王国和卡斯蒂利亚王国刚刚通过斐迪南和伊莎贝拉的联姻合并。国王和王后刚刚再次征服伊比利亚半岛，将最后的穆斯林赶出西班牙，就将大笔资金投入到这个将永远改变世界的计划中。他们很快得到了回报。1492年10月12日，哥伦布发现了他称之为“圣萨尔瓦多”的土地，几个星期后，一个帝国开始萌芽。

哥伦布在1493年初回到了欧洲，他仍然相信他已经登陆亚洲。在返回西班牙的途

中，他被迫在葡萄牙停留，他向葡萄牙国王、野心勃勃想在印度扩张领地的若昂二世讲述了自己的发现。因为害怕葡萄牙征服新领土的计划中途遭到破坏，若昂开始与斐迪南和伊莎贝拉谈判，双方于1494年签订了《托德西利亚斯条约》。该条约将欧洲以外新发现的领土按照想象中的分界线分割。虽然这一分割难以实施，但这条逼近现代南美洲中点的分割线，最终塑造了未来几个世纪的西班牙帝国。

“在鼎盛时期，西班牙成为名副其实的日不落帝国”

哥伦布发现新大陆并安全返航，他的成功激起了未来几十年的探险热潮，但是直到意大利探险家阿梅里戈·韦斯普奇开始西部探险后，人们才发现与日俱增的船队和征服者实际上是前往一个独立于亚洲的“新世界”。韦斯普奇证明了西班牙水手们的目标并不是哥伦布梦想到达的印度群岛的一部分，而是一片完全不同的大陆，他以他名字的变体America命名了这片大陆。不久之后，巴斯科·努涅斯·德·巴尔博厄穿过这片新发现的大陆中部，成为第一个看到太平洋的欧洲人。他为国王斐迪南二世宣示这片海洋的主权并控制了加勒比海大部分岛屿。此举为西班牙进行更大规模的扩张提供了权力基础。

美洲大陆上的古老帝国因为野心勃勃的新兴帝国的到来而开始走向衰落。吸引西班牙人远征的原因一方面是他们对探险的持续渴望，另一方面是对财富的向往。当西班牙征服者意识到他们面前的土地上有丰富的黄金和贵金属时，他们变得更加大胆和坚定。

1519年，埃尔南·科尔特斯率领一支远征队前往墨西哥的阿兹特克帝国。在他到达墨西哥后，当地的一个名叫马林凯的女人被作为礼物送给他，后来这个女人成了他的

▽ 在从印加领导人阿塔瓦尔帕身上榨取了大量的黄金和白银后，西班牙人为其捏造了叛国罪，并将其处决

帝国缔造者

查理五世出生后就成为欧洲大部分地区的统治者，他所统治的庞大帝国令他为世人羡慕

△ 查理五世

在一个安静的修道院里，一个精疲力竭的人在一个摆满时钟的房间里度过了他的最后几年。这种克制的生活掩盖了一段难以置信的过去。因为这个人就是查理五世，第一个日不落帝国的统治者。

查理于1500年出生于根特，25岁时他就已经继承了欧洲大部分地区的王位。他继承了来自哈布斯堡家族的父亲（人称“美男子”腓力）留给他的尼德兰、勃艮第公国，他的祖父马克西米利安留给他的神圣罗马帝国，和他的母亲胡安娜留给他的卡斯蒂利亚和阿拉贡王国以及已经开始蓬勃发展的西班牙帝国。

如此巨大的权力基础需要大量资源的支撑，而帝国的领地刚好为查理提供了资金。但这是需要付出代价的。1518年，他批准了第一次从非洲直接运送奴隶到美洲的行动，这永远地改变了贸易的性质，并进一步加剧了奴隶贸易的残酷。

到他50岁的时候，查理已经疲惫不堪。他放弃了权力，把神圣罗马帝国留给了他的弟弟，把西班牙帝国留给了他的儿子，也就是腓力二世。他退休后住在埃斯特雷马杜拉的尤斯特修道院，但通过信件与政府保持联系。

翻译和情人。在她的帮助下，科尔特斯开始实施削弱阿兹特克人权力基础的行动。一年之内，阿兹特克皇帝蒙特苏马二世就成了西班牙的傀儡。1520年，蒙特苏马二世去世后，在阿兹特克人的宿敌特拉斯卡拉人的帮助下，科尔特斯迅速征服了这片富饶的土地，并在1521年取得了完全控制权。

十年后，弗朗切斯科·皮萨罗率领大军艰难地进军秘鲁和印加，并效仿科尔特斯的模式，试图将其统治者阿塔瓦尔帕变成没有实权的傀儡。1532年，在可怕的卡哈马卡屠杀之后，印加皇帝被扣为人质，为了求生，他向绑架者承诺一间装满黄金的房间作为赎金。在获得了超过30吨的贵重金属后，西班牙人还是将他处决了。到了1533年，秘鲁已经完全被西班牙征服，成为西班牙控制南美大部分地区的基地。

西班牙征服殖民地的速度让欧洲其他国家大为震惊，但对那些参与其中的人来说却没那么令人惊讶。哥伦布在他与圣萨尔瓦多居民的第一次会面后提到，“我可以用50个人征服他们，并随心所欲地统治他们”。尽管西班牙征服者无论在哪里登陆，人数都远远不敌当地人，但他们具备马力和火力的优势，其威力和先进程度远远超出对手的想象。殖民者同时带来了西方的细菌和病毒，当天花等疾病在美洲蔓延时，当地人口在几周内急剧下降，这进一步削弱了他们的抵抗力。

在鼎盛时期，西班牙可谓是日不落帝国。太平洋沿岸的南美基地让像斐迪南·麦哲伦这样的探险家可以航行到更多未开垦的土地，到了16世纪中期，菲律宾也臣服于西班牙。西班牙的势力范围不断扩大，最终覆盖了整

△ 皮萨罗征服秘鲁加速了西班牙征服南美洲大部分地区的进程和西班牙庞大帝国的建立

△ 西班牙的腓力二世也成为葡萄牙的国王（至少在名义上是），他的王权扩张到了全世界

个加勒比海、南美和中美洲、北美洲的大片地区及包括赤道几内亚和帕劳等南太平洋岛屿在内的非洲地区。

随着16世纪西班牙的迅速扩张，西班牙帝国领土被划分为若干总督区。新西班牙殖民地总督区控制着从北部的佛罗里达和加利福尼亚到西部的加勒比海和南部的委内瑞拉地区。新秘鲁总督区控制了南美的所有其他领地。在王权的庇护下，这些区域成为重要的权力基础，也为那些能够升到高位的人带来了大量财富。

西班牙本土也分享了新帝国带来的财富。随着经济的蓬勃发展，西班牙的统治者们为自己建造了欧洲最富丽堂皇的宅邸。他们还支持本国的艺术和文学，成就了西班牙古典文学的黄金世纪。作家米格尔·德·塞万提斯和洛佩·德·维加，艺术家迭戈·委拉斯开兹和埃尔·格雷科，以及作曲家托马斯·路易斯·德·维多利亚都在这一时期声名鹊起。与此同时，西班牙的海军和陆军成为不可忽视的军事力量。

哈布斯堡家族掌权后，西班牙作为军事

和文化强国的崛起达到了顶峰。1516年，查理五世继承尼德兰王位后不久成为西班牙国王，三年后又成为神圣罗马帝国的皇帝。现代欧洲的大部分地区都在他的统治之下，他从帝国获得的财富使他得以出资反击叛乱。他的儿子腓力二世没有继承神圣罗马帝国的皇位，但他在1580年葡萄牙的继承权战争中夺取了皇位，从而扩大了自己的权力。

之后，西班牙的势力开始逐渐被削弱。腓力二世在试图控制西属尼德兰时遇到了困难，随之而来的是花费巨大的战争。巨额军费给政府带来了沉重的打击，而18世纪早期，法国和奥地利争夺西班牙王位的战争带来了更多的不稳定性。因为横跨太平洋和大西洋的贸易路线对欧洲国家的财富积累变得越来越重要，西班牙的全球统治地位受到了法国和英国扩张的威胁。

很多人反对帝国赋予宗教团体的权力和财富，其中包括耶稣会。在殖民早期，精神上的征服几乎和领土的获得同样重要。于是传教士也成了管理者。1767年，耶稣会传教士被逐出西班牙总督区，但他们的离开削弱了政府权力，使西班牙帝国对一些地区的控制开始松动。

19世纪初，独立运动在南美洲和中美洲兴起，在西蒙·玻利瓦尔坚定而富有魅力的领导下，美洲大陆的大片土地脱离了西班牙的统治。在拿破仑入侵之后，马德里无力阻止人们对自由的呼声，再加上退位和王朝战争带来的不稳定，西班牙帝国的统治最终落下了帷幕。1874年，当西班牙在阿方索十二世的统治下重新确立王权时，它已丧失大部分领土。它在1898年失去了在美洲最后的领地古巴和波多黎各，在第二年失去了菲律宾。

△ 1492年克里斯托弗·哥伦布在“圣马利亚号”上

F
Y

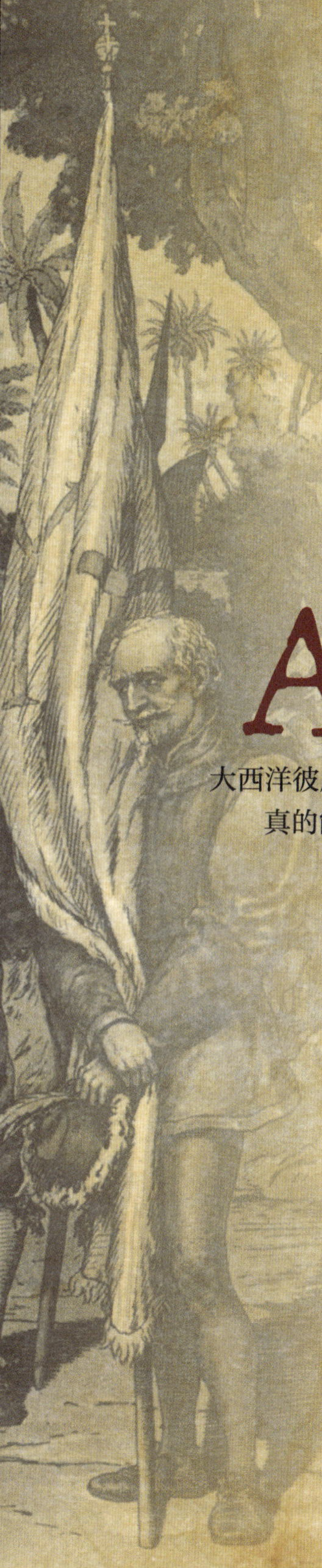

美洲
AMERICAS

大西洋彼岸存在陆地的概念曾使东半球的人迷惑不解。它在那里吗？真的能航行到亚洲吗？克里斯托弗·哥伦布偶然发现了……

来到美洲

不是某一个人"发现"了新世界，事实是人们在移民浪潮中定居下来。这个过程常常引发暴力冲突。

第一批美洲人

在最近一个冰河时代，一大群来自东北亚的狩猎采集者穿过白令海峡的大陆桥，第一次到达北美洲。

25000 BCE

分头迁移和定居

一群早期的美洲土著留在了阿拉斯加，而另一群则沿着太平洋海岸向南继续迁移，有些在现代美国区域安顿下来，有些继续进入中美洲和南美洲地区。

15000 BCE

在第一次迁徙后，至少还有两次西伯利亚人迁徙

命名新世界

意大利探险家、航海家和制图师阿梅里戈·韦斯普奇最先意识到北美洲实际上是一片独立的大陆，而不是亚洲的一部分。"美洲"就是以他名字的拉丁文变体命名的。

1503

发现南美洲

在哥伦布的第三次航行中，他到达了南美洲。他在奥里诺科河河口（今天的哥伦比亚和委内瑞拉的边境）登陆。当时，狂热的探险家以为他找到了伊甸园。

1498

直到1819年，哥伦比亚才开始以这位著名的探险家的名字命名

纽芬兰

受雇于英国国王亨利七世的航海家约翰·卡伯特踏上文兰的土地。他不知道以前的维京人造访过这里，于是称它为"新发现的大陆"（纽芬兰）。

1497

虽然长期以来一直有挪威人在纽芬兰定居的传言，但证据直到1960年才被发现

维京人的探索

诺斯人莱夫·埃里克松和他的船员们沿东海岸来回航行，然后在被他们称为“文兰”的地方建立了永久定居点。

1000

确立边界

西班牙和葡萄牙签署了《托德西利亚斯条约》，以解决哥伦布和其他探险家新发现的土地归属的争端。新大陆就此被两国瓜分了。

1494

哥伦布扬帆远航

哥伦布带领三艘船从西班牙出发，开始了他的第一次航行，其中一艘船在中途沉没。

5 周　船只在到达巴哈马群岛前在海上航行了5周

90 他的船员人数为90人

39 39名留在海地建立纳维达德港口的船员全部遇难

1492

1518

征服阿兹特克人

西班牙人埃尔南·科尔特斯带着 500 人和 11 艘船抵达中美洲地区。他发动了征服当地美洲土著的战争，战斗中他杀死了阿兹特克皇帝蒙特苏马二世。

1565

西班牙国旗在殖民地升起

西班牙人在今天的佛罗里达建立了圣奥古斯丁殖民地。这是欧洲人在北美的第一个永久定居点，它标志着在新大陆更大范围殖民的开始。

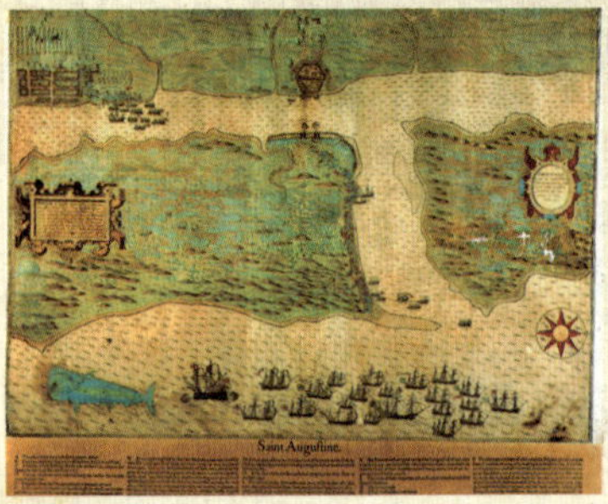

1585

消失的罗阿诺克殖民地

约翰·怀特带领 121 人建立了第一个英国殖民地

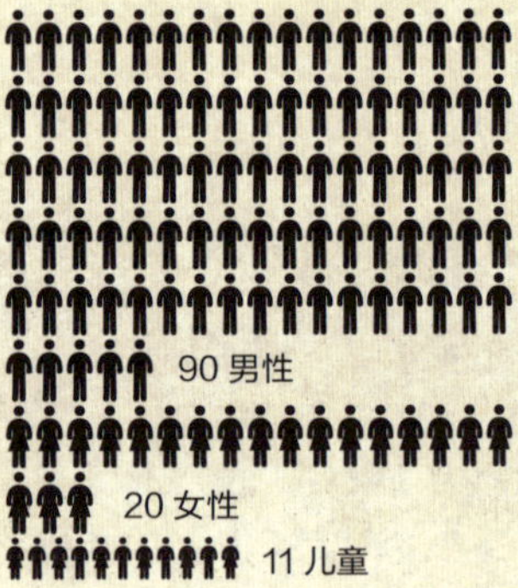

1862

去西部

许多美国人前往西部以逃避恐怖的内战。根据《宅地法》的规定，在西部定居的新移民可以在北美大平原上拥有最多 0.65 平方公里的土地，然而这导致了新移民与美洲土著的冲突。

1890

最后的边界

美国人口普查局宣布认定西部边界的尽头，这意味着美国境内已没有大片未开发的土地或未定居的土地。

2010

今天的美洲土著

美洲土著和阿拉斯加土著的总人口数为 290 万，加上其他种族，这一人口总数上升到 520 万。阿拉斯加州是今日美国美洲土著和阿拉斯加土著的人口比例最高的州，达到 19.5%。

伊丽莎白·戴尔是 **1587** 年出生在美洲的第一个英国孩子

3 年后，约翰·怀特回到这个殖民地，却发现所有的定居者都神秘消失了

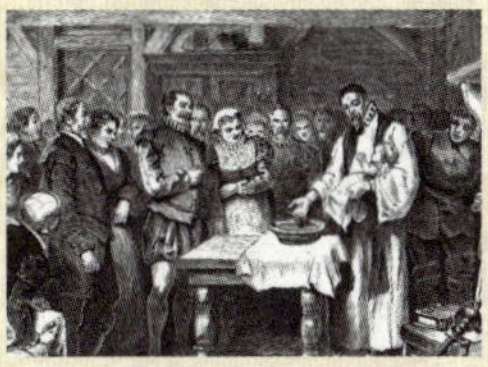

罗阿诺克岛面积约为 **12.9** 公里 x **3.2** 公里，**41.28** 平方公里。

法国定居点的建立

法国人在新斯科舍省的皇家港建立了阿卡迪亚定居点。这是欧洲人在后来成为加拿大的地域的第一个永久定居地。

1605

詹姆斯敦的诞生

弗吉尼亚公司在弗吉尼亚成功建立了第一个永久英国定居点，并以英格兰国王詹姆士六世兼苏格兰国王詹姆士一世的名字为它命名。

1607

《1763 年宣言》

乔治三世颁布了《1763 年皇家宣言》，以缓和与美洲土著的紧张关系。该条约禁止白人在阿巴拉契亚山脉以西定居，但它只限制了拓荒者很短的时间。

1763

刘易斯和克拉克探险

新独立的美国策划了梅里韦瑟·刘易斯和威廉·克拉克的探险，以探索路易斯安那购买地和西北太平洋地区。这支探险队得到了肖肖尼族印第安妇女萨卡加维亚的帮助。

1804

“他得到了西班牙王室阿拉贡的斐迪南二世和卡斯蒂利亚的伊莎贝拉一世的支持，他们同意资助他探索新世界的计划”

探险家·偶像·凶手

克里斯托弗·哥伦布

Christopher Columbus

他对定义新世界起到了至关重要的作用，
但他是否用残酷血腥的铁拳统治了这片土地？

克里斯托弗·哥伦布是热那亚一个中产阶级羊毛编织工的儿子，他从小就与众不同。这个好奇心极强的小男孩被商人和海员们带到他意大利海滨家乡的地图和海图深深吸引。他感到在那些标记复杂的海图空白处，有一种神秘力量在召唤着他，使他沉迷于填补这些空白并享受这些发现必将带来的荣耀的幻想中。

哥伦布不会像当时的很多人那样因为未知而感到不安——事实上，恰恰相反，未知使他着迷。看到长子非同寻常的坚定，哥伦布的父亲拿出所有积蓄把他送到了帕维亚大学就读。在那里，哥伦布学习了语法、地理、几何、天文、航海和拉丁语——但年轻的哥伦布发现在他所有所学知识之中，最令他心驰神往的还是地图上的空白，这种渴望将决定他一生的命运。

1470 年，哥伦布成为三个有影响力的热那亚家族的商业代理人。他学识渊博的背景和面对逆境时的坚韧使他成为一名出色的商人，也很快成为在海洋中乘风破浪的船只的船长。他的工作将他带到了文明世界的各个角落：里斯本、布里斯托尔、戈尔韦、西非，甚至冰岛的定居点都成了他经常停靠的港口。哥伦布非常尽职，稳步赢得了果断坚毅的声誉。多年来，当哥伦布在这些国家从事贸易和商业活动时，他总是发现自己的思绪会飘向童年时曾研究过的那些不完整的地图。在他和那些传说中的财富王国之间，唯一的障碍就是钱。是时候找一个赞助人了——一个非常

富有的赞助人。

多年来，欧洲维持着通往东方遥远但有利可图的贸易路线。在蒙古帝国统治时期，欧洲商人通过一条被称为“丝绸之路”的相对安全的路线前往中国。但在君士坦丁堡沦陷于奥斯曼土耳其人之手后，这条路线便充斥着海盗。在这种情况下向东行进太危险了，即使对最有经验的队长来说也是如此。哥伦布当时正在寻找一条通往印度和富饶的亚洲的新航线，他实现这一目标的计划很简单：向西航行穿过大西洋。

不过，向西航行并不仅仅是让船只掉头离开东方。由于西方的地图上仍有一部分地区没有被明确地定义，当时的学者、地理学家和海员的观点是不正确的。一些人坚持认为地球是一个扁平的圆盘，但更多的人陷入对欧洲和亚洲之间的距离以及神秘大陆和岛屿的面积的误解和猜测。传说那些大陆和岛屿位于风暴肆虐的大洋彼岸。哥伦布的理论也非常不准确，但他探索未知的强烈愿望和坚忍不拔的品质让他在同行中脱颖而出。他最终获得了西班牙王室阿拉贡的斐迪南二世和卡斯蒂利亚的伊莎贝拉一世的资助，他们同意资助他探索新世界的计划，并宣称他的发现会归属于统一的“天主教国家西班牙”。

1492 年 8 月 3 日早晨，哥伦布率领由三艘船（一艘卡瑞克帆船，两艘卡拉维尔

帆船）组成的探险队从帕洛斯德拉弗龙特拉起航。海面相对平静，船只在几天内就顺利到达了加那利群岛。在那里补充给养后，探险队起程前往日本。三艘船只驶向了更深远的未知地带。狂风和巨浪冲击着他们，预定航线被他们没有经历过的热带风暴打破。到10月12日，船上的士气已降至危险的低点——有人在暴风雨中丧生，桅杆被狂风吹断，甚至还发生了小规模的兵变。哥伦布坐在自己的小屋里，凝视着面前的地图。他知道他们的航线已经中断了，但在海上的逗留的时间才是最让他烦恼的。他们早就该踏上新大陆了，剩下的时间不多了。

突然，不知从哪儿冒出来一个水手高声喊道："陆地！陆地，啊嗨！"哥伦布起身，冲向甲板，离开时打翻了办公桌上的蜡烛、文件和葡萄酒。在闷热的船舱里待了这么长时间后，他感到脸被浪花刺痛，但发现陆地的喜悦驱使他很快爬上了船尾楼的甲板。他眯起眼睛，第一次看到了一个全新的世界。远处有郁郁葱葱的草木和银白的海滩，还有颜色奇特的鸟在树冠上盘旋。同时他看到了他们：手里拿着矛和弓的黑皮肤男人和女人，他们大多数人几乎没有穿什么衣服。

几小时后，三艘船都在安全距离停靠，所有船员都安全登陆。哥伦布站在了华特林岛上（后来成为巴哈马群岛的一部分）。他将其命名为圣萨尔瓦多，并为西班牙对其宣示主权。在接下来的几天里，哥伦布拜访了岛上的三个主要部落——泰诺部落、阿拉瓦

▽ 描绘哥伦布于1492年首次登陆美洲的非写实画作

▽ "圣马利亚号"是哥伦布的船队中最大的一艘船，甲板长17.7米

大洋上的生活

15 世纪海上航行的真相是什么？

船上的外科医生

在这艘 150 吨重的船上，生活充满了危险。大炮可能走火，四肢可能被吹断的桅杆或摆动的帆索折断，还有可能染上各种疾病。在这样的条件下，船上的外科医生尤为重要，他的职责是无论用多么可怕的治疗手段都要确保船员的健康，以使他们能够履行职责。

水手长

水手长是船上最重要的人之一，因此他也需要承担相应的责任。水手长通常是三副或四副，负责维护甲板，确保帆和索具处于最佳状态。在紧急情况下，比如遭遇火灾（通常是由于在炎热干燥的温度下发电桶过热）和风暴，水手长要第一个赶到现场。

普通水手

对于所有的炮手和舵手来说，总是需要一些愿意从事海上生活所要求的艰苦工作的普通水手。他们承担了“圣马利亚号”上最糟糕的工作，但他们的同伴却不那么亲切地称他们为“拖把（负责打扫工作的船员）”。抽水和清除舱底积水，解开打结的索具，擦洗甲板，这些只是他们的工作的一部分。

克部落和卢卡扬部落——并开始与他们建立联系，通过这种联系他对这个新发现的伊甸园有了更多了解。只有一个生活在遥远岛屿上的部落对他们不友好，偶尔会登陆突袭，夺取奴隶。在他的一篇日记中，哥伦布写道：“我可以用 50 个人征服他们，并随心所欲地统治他们。”哥伦布并没有把土著看作人，而是更多地把他们看作是他可以带回西班牙的另一种战利品。虽然这种态度看起来冷酷无情，但它是当时征服者们的一种普遍态度，这种态度也终将推动和维持奴隶贸易数百年。

在圣萨尔瓦多停留一周左右后，他开始探索周围的水域，探险队最终到达古巴北部海岸，并于 1492 年 12 月 5 日登陆伊斯帕尼奥拉岛。

伊斯帕尼奥拉岛比他登上的第一个岛要大得多。背对着一片平静的大海，回想着关于拥有丰富黄金和其他宝藏的王国的传说，哥伦布深信他已经开启了自己意义非凡的发现之旅。几周后，他在纳维达德岛上建立了定居点，并于 12 月 25 日下令由他特别挑选的最信任的海员乘坐“圣马利亚号”向北航行，进行更多的勘察工作。不幸的是，哥伦布在下令时喝醉了，他任命的船员也是如此。在大约几个小时内，一半的船员睡着了，船撞上了礁石。

1493 年 1 月 13 日，哥伦布会见了伊斯帕尼奥拉岛泰诺族部落的酋长瓜卡纳加利，他同意了哥伦布的请求，让他的 39 名船员留在岛上定居。随后哥伦布开始了第一次探险的最后一段旅程，几天后他到达了萨马纳半岛，在那里他遇到了不太友好的奇古阿伊多斯部落。岛上酋长拒绝了哥伦布建立定居点的请求。双方很快就发生了冲突，两个部落的土著被杀。作为惩罚，哥伦布捕获了 30 名部落土著，带着他们起航返回西班牙——在返回欧洲的漫长旅途中，这 30 人中只有 7 人幸存。

一回到西班牙君主的宫廷，哥伦布就凭借他的日记、地图、水果、香料、黄金和美洲土著俘虏成为欧洲的热点人物。他把无可辩驳的证据呈现在世人面

△ 探险者们遇到的美国土著一开始都非常友好和热情

哥伦布的遗产

征服者如何改变世界

哥伦布不是第一个到达北美洲的欧洲人，但是他在新大陆上留下的印记是清晰的。引用历史学家马丁·杜加尔德的话说："哥伦布之所以出名，并不是因为他第一个到达那里，而是因为他留在了那里。"与500年前维京人建立的小定居点不同，哥伦布为西班牙宣示了他发现的这片土地的主权，创建了意义非凡的定居点，并以此为起点继续沿海岸扩张

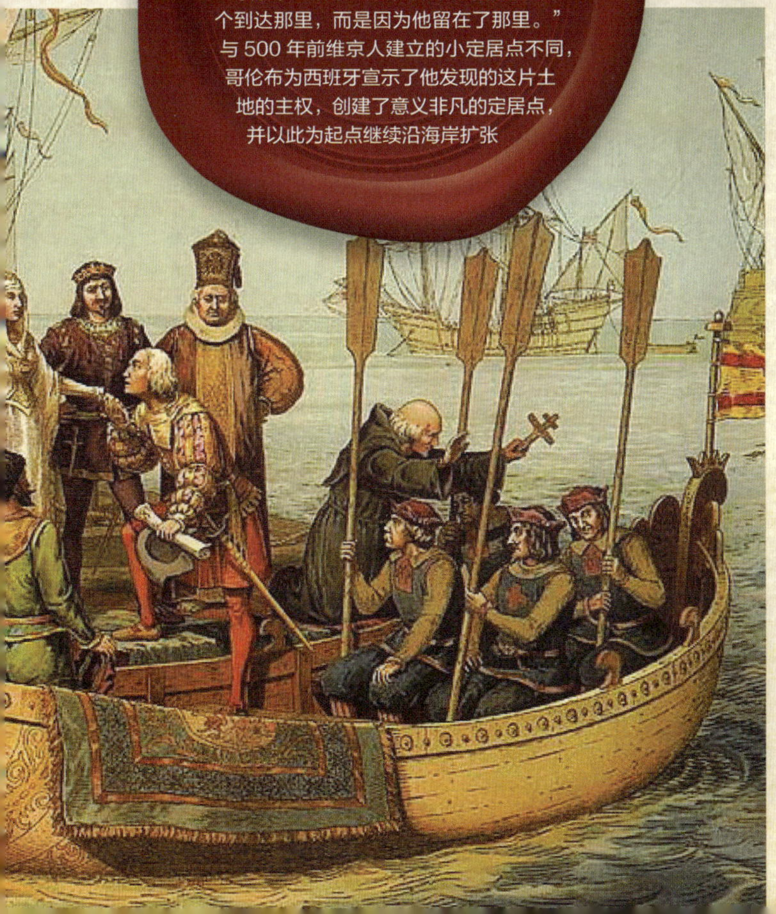

前，证明了欧洲和亚洲之间有一块新大陆。伊莎贝拉和斐迪南愉快地授予了哥伦布出发前承诺他的头衔，他成为海军上将和所有他发现的土地的总督。为了确保伊斯帕尼奥拉岛的扩张，不久之后，哥伦布就派他的兄弟巴尔托洛梅奥以及一批水手、士兵和商人前往驻扎。

9月24日，哥伦布开始了他的第二次重要航行。这次航行的路线要靠南得多，探险队途经巴哈马群岛的其他岛屿，并在牙买加短暂停留。11月22日，哥伦布和由17艘船组成的舰队驶向伊斯帕尼奥拉岛，这位热那亚总督热切地希望看到在加的斯给兄弟安排的计划得以实现。但是，他看到的却是一片烧焦的废墟。纳维达德已经被之前友好的泰诺人夷为平地，烧成灰烬。在哥伦布看来，他给他们黑暗的角落带来了文明、稳定和基督的力量，他们却用毁灭定居点和屠杀无数的西班牙人来回报他。

哥伦布还没返回时，伊斯帕尼奥拉岛在他下达给他兄弟的直接命令下，很快就变成了一个与他第一次登陆时相比截然不同的地方。岛上那些富饶和平的部落很乐意与他们的外国客人分享那些盛产黄金的山谷的位置，但他们对接下来发生的事情却毫无准备。巴尔托洛梅奥·哥伦布强迫成千上万的土著成为奴隶，让他们在山上挖矿，寻找贵金属。同时，几百名欧洲船员还带来了大量的西方疾病，

残酷的哥伦布

传奇探险家的三个最残酷的行为

公开羞辱

哥伦布和与他沆瀣一气的兄弟巴尔托洛梅奥和迭戈都因对殖民地人民进行残酷的肉体和心理上的折磨而出名。西班牙历史学家孔苏埃洛·瓦雷拉表示："哥伦布掌权的特点是暴政。"其中一个例证是一位妇女在大胆说出哥伦布出身低微后，被哥伦布的弟弟巴尔托洛梅奥扒光衣服，绑在骡子背上游街示众。"巴尔托洛梅奥下令将她的舌头割掉，而克里斯托弗称巴尔托洛梅奥的行为捍卫了家族的荣誉。"瓦雷拉女士补充道。

开采矿井

当哥伦布于1492年到达巴哈马群岛时，他发现了一些爱好和平的土著，其中泰诺部落尤为友好，就连哥伦布本人也承认这些黑皮肤的土著是那么友好——他们很少携带武器，因为他们的社会几乎没有罪犯。哥伦布在那里发现了丰富的金矿，所以他以西班牙王室的名义占领了这片土地，并奴役了这个部落。在两年的时间里，12.5万人——部落一半的人口——死于哥伦布的矿井中的开采工作。

奴隶制和酷刑

哥伦布偏执并多疑，这一性格在他的晚年尤为突出。根据一份报告显示，哥伦布下令割掉了一名偷玉米的男子的耳朵和鼻子，然后把他卖为奴隶。强制奴役成为哥伦布和替他执法的兄弟们的共同行动。哥伦布亲自监督了令人作呕的性奴隶交易，他贩卖年轻的土著女孩和妇女，迫使她们过着残酷的卖淫生活。

这些病毒像野火一样在毫无准备的当地人中间传播开来。对这一切忍无可忍的泰诺人最终发动了反抗外国侵略者的起义，但他们的行动却激起了哥伦布整顿秩序和施加惩罚的渴望。

在他的兄弟们的支持和西班牙的庇护下，哥伦布在这片土地的中心挖出了数不清的财富。这些财富令西班牙的君主们欣喜若狂，但是关于哥伦布残暴统治的传言很快就传遍各地，传言称哥伦布的总督身份让他为权力疯狂。有关哥伦布暴行的传言是真实的，而他在西班牙宫廷中的许多敌人抓住机会利用这些传言攻击哥伦布，因为他们嫉妒他所创造的财富。西班牙王室很可能由于确信哥伦布愿意长时间去新大陆探险寻找财富，所以无论他多么残暴，他们都容忍他，因为他的努力仍在充实着已被战争榨干的西班牙王室金库。

在斐迪南和伊莎贝拉被迫派遣使者去调查笼罩在西班牙宫廷上空的种种传言之前，哥伦布将开始他的第三次航行。在收到调查报告后，王室剥夺了哥伦布的头衔，派行政长官弗朗西斯科·德·博瓦迪利亚对他进行进一步调查，并治理他的领地。1500年8月，当博瓦迪利亚到达这里时，他感到颇为震惊。哥伦布在对该岛长达七年的统治中奴役了岛上大部分的土著居民，截至1500年，岛上原本二三十万的自由人已经减少到了大约六万人。哥伦布还将年轻女孩卖为性奴，和他的兄弟们残害和羞辱不顺从者和反抗者。这个现在在美国有纪念日的探险家最终被不光彩地送回了西班牙，但是西班牙的君主们没有监禁或处决他；剥夺对他的赞助和他的头衔

△ 在美国有一个纪念哥伦布的法定节日，但这位探险家曾经犯下了一些残忍的罪行

"哥伦布在对该岛长达 7 年的统治中奴役了岛上大部分的土著，截至 1500 年，岛上原本二三十万的自由人已经减少到了大约六万人"

已经使一个病入膏肓的人接近崩溃。

哥伦布对发现的热情给后人留下了宝贵的遗产，但是一些关于他的描述可能都太快忽略了这一事实：无论从表面上还是本质上来说，他都是一个征服者。在绘制未知新大陆的地图和定义新大陆的愿望驱使下，哥伦布不仅发现了新大陆，还为西方在新大陆持续数百年的扩张打下了基础。晚年时，哥伦布写道："如果一个人可以克服一切障碍和干扰，他一定会实现目标或到达目的地。"虽然他的卑鄙行径将永远给他的名字蒙上阴影，但他毕生探索未知大陆的渴望，也将确保他名垂青史。

航行中的数字

哥伦布征服者生涯背后令人震惊的统计数据

3,700KM

根据哥伦布的计算，加纳利群岛和日本之间的距离为 3700 公里

17 哥伦布 1493 年第二次航行的探险队由 17 艘船组成，这些船只大多是耐用的、适于长途航行的卡瑞克式帆船

19,600 KM

加纳利群岛和日本之间的实际距离是 19600 公里。虽然有制图师和地理学家的建议，但是哥伦布不会对自己的计算动摇。

11

哥伦布为强大的西班牙王室进行了四次主要的航行探险，他所花费的时间加起来是 11 年。

1,500

哥伦布为其第一次横渡大西洋而招募的殖民者（主要是西班牙人、葡萄牙人和意大利人）的总数是 1500 人。

29 在 1502 年的第三次航行中，哥伦布在圣多明各海岸遭遇了一场猛烈的风暴，导致与他一同起航的 30 艘船中的 29 艘沉船遇难。

10位对发现美洲做出贡献的探险家

约翰·卡伯特

意大利人，1450—1499年

以都铎王朝的名义探索新世界

探索地：纽芬兰
以及：新斯科舍（加拿大），今缅因州（美国）

许多历史学家认为约翰·卡伯特是自11世纪维京人建立文兰定居点以来第一个踏足北美的欧洲人。在英国国王亨利七世的资助下，卡伯特在纽芬兰、缅因和新斯科舍登陆。不幸的是，卡伯特不是哥伦布那样的水手和船长，他的航行在很大程度上已经被遗忘了。

威廉·克拉克

美国人，1770—1838年

他是太平洋西北沿海地区地图的绘制者之一，他为美国对俄勒冈宣示主权

探索地：俄勒冈州
以及：堪萨斯城，密苏里州，内布拉斯加州，北达科他州
政治家、军人、州长、探险家

威廉·克拉克是绘制自己国家地图的最有影响力的人之一。19世纪初，北美被美国、西班牙和法国瓜分。在1803年美国从法国人手中购买了路易斯安那州之后，克拉克和探险家梅里韦瑟·刘易斯一起进行了为期两年的探险，绘制了一条穿越北部各州荒野的实际路线图。

“伊丽莎白授予雷利探索新世界的专利”

亨利·哈得孙

英国人，16世纪60年代—不详

目的地为中国的海员，意外踏上了纽约的土地

探索地：纽约（美国）
以及：纽芬兰，新斯科舍（加拿大）

虽然对哈得孙个人生活的一些细节知之甚少，但他的探险行动改变了欧洲人对新世界地理位置的理解，这一点是毋庸置疑的。当哈得孙试图开辟一条通往中国的直达路线时，他意外地发现了纽约。事实上，因为哈得孙为该地区绘制出完整的地图，为了纪念他，该地区的一条河流被以他的名字重新命名。

莱夫·埃里克松

冰岛人，大约970—1020年

比哥伦布早500年发现新大陆的维京人

探索地：文兰（今纽芬兰）

维京探险家莱夫·埃里克松从斯堪的纳维亚半岛远渡重洋，在文兰（古斯堪的纳维亚语中北美的名字）建立了一个据点。虽然像《格陵兰人传奇》这样的冰岛记载，莱夫并不是第一个踏上美国土地的古斯堪的纳维亚人，但他开启了维京人移居文兰的旅程。尽管这位传说中的北欧探险家早在一千年前就去世了，但他在斯堪的那维亚半岛和北美洲留下的印记至今还在。前往明尼苏达州圣保罗的游客可以看到莱夫的铜像自豪地伫立在明尼苏达州议会大厦旁边，他象征着北欧人向美国迁移。

被揭露的最糟糕的探险

一些前往未知世界的航行因错误的原因而出名

600名西班牙人死于墨西哥湾

1527年，西班牙王室派遣一支舰队去征服佛罗里达和黄金海岸并将其划为殖民地。在圣多明各发生的一场兵变削弱了舰队的实力，而接下来的一场飓风导致数百名西班牙水手溺水身亡。剩下的幸存者被冲上佛罗里达海岸，但他们中的许多人随后死于土著部落的手中。1528年，600多名船员中只有4人成功返回西班牙。

麦哲伦遭遇厄运

葡萄牙探险家斐迪南·麦哲伦在16世纪以接近完成环球航行而闻名，但他在前往亚洲的航行中，错误地计算了太平洋的面积。结果是他的270名船员大部分在抵达关岛之前就死于干渴和饥饿，而那些暂时幸免于难的船员后来大多死在了菲律宾人手里，包括麦哲伦自己。

南极探险的致命竞赛

1911年，罗伯特·斯科特船长带领一群探险者试图率先到达从未有人登陆过的南极，但是他们被罗尔德·阿蒙森带领的挪威探险队打败了。斯科特、威尔逊、奥茨、鲍尔斯和埃文斯五人在探险中付出了最高的代价：他们的生命。后人一直指责斯科特计划不周，但运气不好也是探险失败的原因之一。

罗伯特·格雷

美国人，1755—1806年

一位失去了一只眼睛的船长，却赢得了一份非凡的遗产

探索地：加利福尼亚州（美国）以及：不列颠哥伦比亚省（加拿大），华盛顿，俄勒冈州

作为一名商船船长，格雷是美国北太平洋海岸海上毛皮贸易的先驱，在推动贸易进一步沿海岸发展的同时，他发现了更多的土地。他最引人注目的成就是成为第一个环游世界的美国人，以及1792年在哥伦比亚河上的航行和对它的命名。直到今天，华盛顿和俄勒冈州的许多地方都以他的名字命名，以纪念他所做出的贡献。

詹姆斯·库克

英国人，1728年11月7日—1779年2月14日

他由一名军人变成了一个探险家，最终在他发现的新世界与世长辞

探索地：夏威夷以及：圣劳伦斯河（加拿大/美国）

就像哥伦布和马可·波罗一样，詹姆斯·库克船长的名字也是早期探险的代名词。十几岁时，库克加入了商船队，从此开始了自己的职业生涯。在"七年战争"中，他目睹了许多海军冲突，随后他利用在包围魁北克期间绘制圣劳伦斯河图的经验，赢得了指挥三次环游世界航行的机会。库克航行到了夏威夷岛，他用熟练的制图技巧绘制出了同时期探险家无法比拟的细节详尽的岛屿图。在1779年的第三次航行中，他死于与夏威夷土著的冲突。

沃尔特·雷利爵士

英国人，1554—1618年

诗人，士兵，朝臣，间谍，探险家

探索地：北卡罗来纳州，南卡罗莱纳州以及：佐治亚州，佛罗里达州（美国）

沃尔特·雷利爵士也许是除哥伦布之外最著名的探险家之一，传说他用大量宝藏和象征王室统治黄金时代的异域珍奇物品赢得了伊丽莎白一世的青睐。在与法国和西班牙交战多年之后，英国商人正在向更远的亚洲、非洲和新大陆推进。罗利不仅因追求黄金之城而闻名，他还在英国殖民北美的过程中发挥了重要作用。16世纪80年代末，伊丽莎白授予罗利以英国王室的名义探索新世界的皇家专利。

克洛德·让·阿卢埃

法国人，1622—1689年

探索新世界的狂热分子

探索地：威斯康星州以及：密歇根州，印第安纳州（美国）

生于法国的阿卢埃是耶稣会的一名传教士，他前往加拿大，巩固法国在该地区的一系列传教活动。作为他宗教旅程任务的一部分，阿卢埃经常接触当地部落的成员，并逐渐向南来到了美国。他最初在威斯康星州进行的传教工作与他沿密西西比河向南的行程是一致的。他对他所探索的地区进行了广泛而详细的记录，这些记录后来帮助法国皇室成功夺取了五大湖的归属权。

埃尔南多·德·索托

西班牙人，1497—1542年

这个征服者掠夺南部以获取财富

探索地：佛罗里达州以及：佐治亚州，北卡罗来纳州，南卡罗来纳州，田纳西州，亚拉巴马州，密西西比州，阿肯色州，俄克拉荷马州，路易斯安那州，得克萨斯州（美国）

与英国海员亨利·哈得孙一样，西班牙征服者埃尔南多·德·索托在前往中国的途中偶然发现了北美洲。他最初向东航行，为经济拮据的西班牙王室寻找宝藏，但却意外发现了一片富饶的、未被开发的金银矿藏。他以成为有记载的第一个横渡密西西比河的外国人而闻名，而他在新大陆的探险覆盖了俄克拉荷马州、乔治亚州、卡罗来纳州、田纳西州、得克萨斯州、阿肯色州、路易斯安那州和密西西比州的广大地域。

大卫·汤普森

英裔加拿大人，1770—1857年

"有史以来最伟大的陆地地理学家"

探索地：内华达以及：不列颠哥伦比亚省，阿尔伯塔省（加拿大），俄勒冈州，蒙大拿州，怀俄明州

出生在威斯敏斯特的汤普森从加拿大出发向南进入北美的荒野，开始了他的揭秘之旅。在毕生追求的职业生涯中，汤普森成功绘制了令人惊叹的横跨边境约390万平方公里的地质图。大约1793年，他开始了对落基山脉的探索，然后绘制了一幅有横跨该地区详细贸易点的地图，其中也包括蒙大拿州和爱达荷州。此外，加拿大有一条以这位探险家的名字命名的公路。

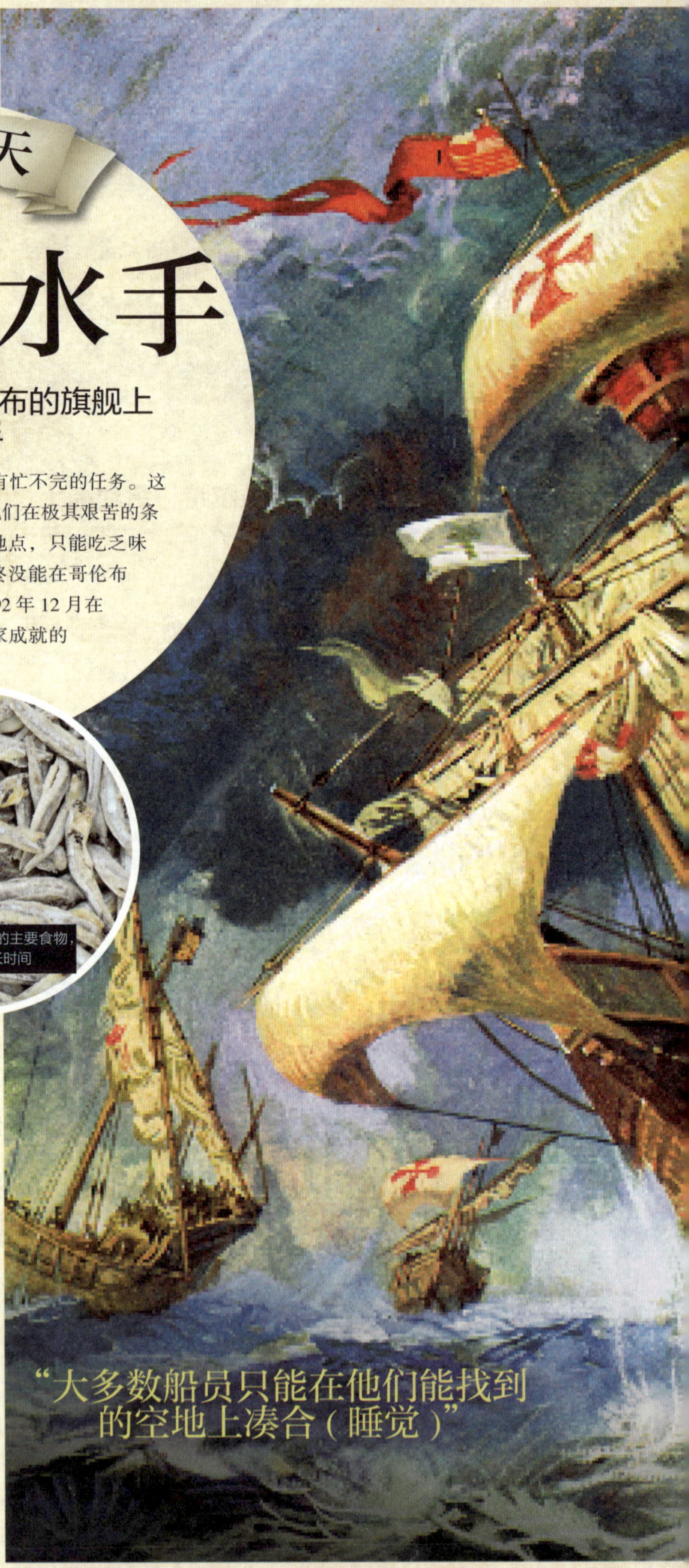

海上航行的一天

哥伦布的水手

1492 年，在克里斯托弗·哥伦布的旗舰上航行到新世界的水手

作为驶向未知美洲大陆的船队水手，他们有忙不完的任务。这些工作是艰苦的，在许多情况下也是危险的。他们在极其艰苦的条件下探索未知的水域，没有床铺和固定的睡觉地点，只能吃乏味的食物。探险队的旗舰，“圣马利亚号”，最终没能在哥伦布第一次横跨大西洋的航行中幸存下来，它于 1492 年 12 月在海地附近搁浅并被遗弃，但它仍然是这位探险家成就的象征，并为 15 世纪船员海上生活提供了极好的案例研究素材。

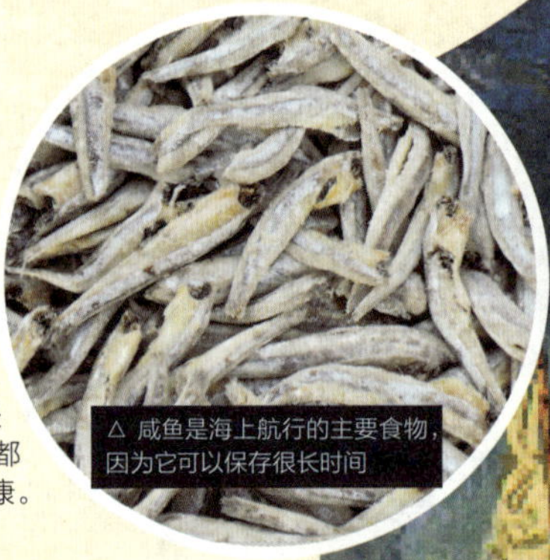

△ 咸鱼是海上航行的主要食物，因为它可以保存很长时间

早餐

第一次轮班开始前，船员们起来吃早饭。一般来说，早餐是冷的咸味饭菜，通常包括咸鱼、饼干和一些奶酪（新鲜的食物通常在航行的第一周内就被吃掉，因为它们很快会腐烂）。“圣马利亚号”上的大部分食物都是常见基本食物，但足够健康。

开始轮班

船员们分成两班，每四小时轮换一次。被称为卡托斯的第一班从 7 点开始。水手们被分配到特定岗位：两个人分别被安置在船头和主桅的圆顶上，另一个人则负责根据“圣马利亚号”船长或领航员的指示，记录罗盘的方向和航速。

设置风帆

第一班水手的部分常规职责是使用不同的缆线升、降和放帆，以及在适当的时候对相关设备进行常规性维修。对他们来说，一边工作一边唱歌是很常见的，这样可以保持节奏和提升士气。

“大多数船员只能在他们能找到的空地上凑合（睡觉）”

△ “圣马利亚号”在前往新世界的途中遭遇了多次风暴

清理甲板

为了保证船的平稳运行，水手们还负责确保走道和甲板的整洁。由于恶劣天气或维修而留下的残骸必须清理干净，甲板和轨道需要定期擦洗。

第一班结束

第一班结束，第二班——瓜迪亚斯——开始。在接下来的四个小时里，卡托斯的水手有机会放松一下，进行社交。他们可以去唱歌、跳舞和演奏乐器。钓鱼也很受欢迎，因为新鲜的鱼对他们来说是美味佳肴。

半轮值更

下午 5 点到 7 点的轮班被分成了两个时段，以有效地让船员进行轮班。这样做是为了确保船员不会一直轮到同样的班次，最重要的是为了避免固定船员总是不得不在黑暗和寒冷的午夜做“墓地看守”——显然，这是一种相当不受欢迎的夜班。

祈祷时间

每隔 30 分钟，水手们就会转动一个形状像沙漏的玻璃瓶。这时，他们会唱祈祷文，这不仅能让船员们了解时间，也是对大多数船员信奉的罗马天主教信仰的承认。船员们会在一天里的特定时间唱特定的祈祷文；比如，日落时会唱的祈祷文是《圣母经》。

睡觉

在完成了第二次轮班后，大多数船员会在下一班重新开始工作前睡几个小时。哥伦布和一些长官们有自己的住处，但大多数船员只能在他们能找到的空地上凑合着睡。甲板下面是供应品和厕所的位置，所以一般船员们不会去那个区域睡觉。

信息来源

“圣马利亚号”的日志详细记录了这次航行，哥伦布的传记作家巴托洛梅·德·拉斯·卡萨斯所写的一些摘要也保存了下来。虽然这些资料更多关注的是航行的距离和重大发现，但它们仍然提供了一个有价值的视角，让人们了解了这次探索之旅的意义。在本文的研究过程中，厄恩利·布拉德福德的《克里斯托弗·哥伦布》一书也很有帮助。

科尔特斯和蒙特苏马

阿兹特克文明的灭亡

Cortés vs Moctezuma

南美洲最强大的文明如何屈膝于沉迷黄金和财富欲望的西班牙征服者

埃尔南·科尔特斯对危险了如指掌：他在旅途中遭遇过波涛汹涌、怒火中焚的大海，遇到过想要置他于死地的敌人，很可能还被流放过。他自作主张带领船队前往古墨西哥的大胆行为引发了他与一位昔日好友——古巴（最近的西班牙殖民地）总督的直接冲突。在去往强大的阿兹特克帝国首都特诺奇蒂特兰的路上，他将面临长期、艰巨、有潜在致命危险的多重条件。

在著名的蒙特苏马二世的统治下，特诺奇蒂特兰是阿兹特克帝国的权力基础，其疆域沿海岸线延伸，统治着大量的土著居民。阿兹特克人控制着广袤的领土、丰富的矿产资源、至关重要的战略海岸线和无数的奴隶，他们利用忠于蒙特苏马二世的间谍网络，监视着效忠于阿兹特克统治者的各个土著群体。要征服阿兹特克人，科尔特斯就得战胜整个美洲大陆上最令人畏惧的士兵——之前的南美探险队归来时讲述过可怕的活人祭祀。

1519 年 2 月，科尔特斯从古巴起航，4 月，科尔特斯的远征队遇到了大麻烦。他的部下对向陆地进发的前景感到不满并公开讨论叛乱，这显然违背了他们加入远征队的初衷。

蒙特苏马二世

阿兹特克人，1466 年—1520 年 6 月 29 日

蒙特苏马，这个名字的意思是“他皱着眉头像个贵族”。他个子高挑，身材匀称。作为皇族后裔，他被许多人当作神来崇拜。书面记录往往把蒙特苏马描绘成优柔寡断、软弱和天真的人，但历史学家对这些记录的准确性表示怀疑。

阿兹特克士兵

他们希望从韦拉克鲁斯港的临时基地返回相对舒适的古巴。然而，他们的首领为了到达尤卡坦半岛，已经押上了他的全部家当，没有什么能阻止他向特诺奇蒂特兰进军。科尔特斯相信自己将掌握财富、权力和命运。为此，他展开了军事史上最大胆的行动之一。

当科尔特斯得知在韦拉克鲁斯，他的手下曾有机会反抗并返回古巴，结束他征服阿兹特克和拥有财富的梦想时，他摧毁了他的整个舰队——实际上也是毁掉了他与西班牙殖民地、给养和增援的唯一联系。

当船员们意识到他们被困在一片充满敌意的遥远陆地上时，他们的内心十分恐惧，但科尔特斯态度坚决，他告诉船员们要相信他，与他并肩作战，不过如果船员们执意回国，也允许他们乘坐那艘返航船回家。科尔特斯的口才和胆识征服了船员，没有人愿意回国。

科尔特斯最终在这场令人难以置信的博弈中获胜。他不可能知道，在他赢得远征胜利的同时，他也宣告了著名的阿兹特克帝国的灭亡。作为世界上最强大的国家之一，科尔特斯代表的西班牙在 16 世纪早期就已经数次入侵中美和南美洲。

墨西哥在 1519 年被征服。在这之前的两年里，许多墨西哥远征都获得了科尔特斯的朋友迭戈·贝拉斯克斯·德·奎利亚尔的批准。古巴被征服后，贝拉斯克斯被任命为古巴的第一任总督，作为奖励科尔特斯获得了岛上的土地，并被任命为圣地亚哥的地方官。然而，对科尔特斯来说，微薄的工资是不够的，他一直沉迷于第一次远征带回的黄金和奴隶。前往墨西哥的第二支远征队于 1518 年出发，但未能按时返回，于是贝拉斯克斯命令集结第三支远征队出发前往墨西哥。科尔特斯觉得自己的机会来了，他不顾第二支远征队到时未归的不祥预兆，抵押了自己所有的一切，承担了这次航行的巨额支出。

科尔特斯渴望成功，渴望战胜资源丰富的阿兹特克帝国后能得到的财富和权力，为此他狂热地开始准备新的征程。起初，他得到了贝拉斯克斯的支持，但随着旅程的临近，这位古巴统治者开始怀疑，科尔特斯计划以自己的名义占领新大陆。他的怀疑没有错，科尔特斯的确无意继续效忠贝拉斯克斯。贝拉斯克斯派了一名官方使者通报西班牙王室，科尔特斯已经被解除了指挥权，而科尔特斯干脆杀了信使。之后，贝拉斯克斯命令哈瓦那的地方官员拦阻科尔特斯，然而，这些人受到科尔特斯承诺的财富和权力的蛊惑，反而自愿加入了科尔特斯的远征队。科尔特斯是一个令人生畏的操纵者和外交官。他能够审时度势，随机应变，依靠未知和未经考验的盟友，以战争平衡外交，以野蛮应对野蛮，战胜了南美洲最有权势的人——贝拉斯克斯。

埃尔南·科尔特斯·德·蒙罗伊·皮萨罗

西班牙人，1485—1547 年

科尔特斯出生在一个贫穷的家庭，但是他年少时就入伍饱经战争的洗礼。他 19 岁抵达圣多明各，25 岁时与迭戈·贝拉斯克斯成为朋友。科尔特斯和他一起征服了古巴，并从中意识到带领远征队去新大陆能让他获得无尽的财富和权力。他洗劫了阿兹特克人的首都，通过战争和疾病使伟大的美洲文明走向了灭亡。

1519 年 2 月 18 日，在没有官方授权的情况下，科尔特斯率领 11 艘船和 500 多人从古巴起航。他向西航行，打乱了尤卡坦海岸美丽的热带岛屿科苏梅尔的宁静。科尔特斯的队伍是装备最精良的登陆该地区的欧洲人，他们拥有包括大炮在内的最尖端的武器，

特诺奇蒂特兰

这座城市通过通向南北和西部的堤道与大陆相连。这些堤道有桥梁，可以让独木舟在下面自由通行，这些桥梁可以被拉起来保卫城市。虽然活人祭祀令人恐惧，但征服者对这座城市的规模之大也留下了深刻印象。

一些资料认为这是火药在新大陆的首次使用。与南美部落的燧石、长矛和箭相比，远征队使用的是无与伦比的优越武器。凭借近90米射程的步枪和弩，科尔特斯的士兵虽然在数量上与土著士兵相差悬殊，但仍处于优势地位。

科尔特斯先是遇到了一群一千年前统治尤卡坦半岛的玛雅人。玛雅人之前俘虏了一个叫阿隆索·德·阿吉拉尔的西班牙人，因此科尔特斯能够与玛雅人交流，这对他来说是一种不可思议的幸运。科尔特斯的舰队绕过尤卡坦海岸，于1519年3月中旬到达波顿昌地区。那里的土著人以前曾给过西班牙探险队黄金，科尔特斯希望能得到类似的待遇。然而，一到这里，迎接他的不是黄金，而是士兵。当科尔特斯发现外交手段毫无用处时，他动用了一种毁灭性的震慑武器：训练有素的战斗犬和骑兵。

“阿兹特克人之前从未见过被训练来攻击人类的野兽，这种完全不同的战争形式给当地部队带来了恐惧和混乱”

阿兹特克人之前从未见过被训练来攻击人类的野兽，这种完全不同的战争形式给当地部队带来了恐惧和混乱。由于无法与科尔特斯的手下直接较量，而且战场上还出现了动物——有些动物他们以前从未见过——部落士兵感到身心俱疲。

战败后，为了求和，当地人为西班牙人带来了食物、黄金和20名妇女，其中包括一名名为马林凯的妇女。重要的是，马林凯会说玛雅人和阿兹特克人的语言，这意味着科尔特斯能够借助她与阿兹特克人交流——马林凯将阿兹特克语翻译成玛雅语，而阿吉拉尔则将玛雅语翻译成西班牙语。这对阿兹特克人来说是个坏消息，他们称马林凯背叛了自己的人民。但对科尔特斯来说，这一好运意味着他在统治南美计划的链条上又多了一环。

远征队继续前进，穿越墨西哥湾，途中他们遇到了一些不满阿兹特克统治的部落，这些部落必须向蒙特苏马纳税，还要向阿兹特克神进献自己的人民做活人祭祀。科尔特斯充分利用了这九个部落的苦难和不满来颠覆在首都特诺奇蒂特兰统治下的阿兹特克帝国。

帝国的首都建在一个湖的中央，四周运河密布；简而言之，它是世界上最令人惊叹的城市之一。在过去的100年里，它的人口增长到了25万。随着阿兹特克人在湖中开垦土地，小岛也随之扩张。在科尔特斯到达的时候，它的规模已经比欧洲任何一座城市都大，人口是伦敦的两倍。阿兹特克人已经在特诺奇蒂特兰统治了数百年。它征服了附近的部落，统治着超过1000万的人口，对广袤的土地保持着铁腕控制。因此，早在西班牙人进军特诺奇蒂特兰之前，阿兹特克统治者蒙特苏马就对科尔特斯的攻势有所了解。然而，他们没有派出士兵，而是派出一名使者。使者带着对阿兹特克人平凡无奇，但对西班牙人来说无法抗拒的黄金作为礼物迎接科尔特斯。正如科尔特斯对贵金属的描述：“我们西班牙人患的是心病，只有黄金才能治愈。”

由于知道西班牙人对黄金和宝石的渴望，蒙特苏马赠予这些礼物的条件是科尔特斯停止向特诺奇蒂特兰进军。然而，这是不可能的，这些礼物进一步激起了科尔特斯对财宝的欲望。科尔特斯表示，他打算前往首都向蒙特苏马致敬。事实上，他的意图远不是那么善良，但蒙特苏马也不至于天真到不知道科尔特斯的真正意图是什么。

有一个问题是蒙特苏马害怕征服者到来的关键：科尔特斯到来的这个时间在阿兹特克历法中是不允许发动战争，也不允许训练士兵的——阿兹特克社会是严格按照历法管理的。更糟糕的是，极为迷信的阿兹特克人看到了一系列预示帝国厄运的征兆：一颗彗星出现在白昼的天空中，首都两座寺庙发生火灾，波波卡特佩特火山大规模喷发。长得像龙的南美羽蛇神被预言将在 1519 年从东方

阿兹特克士兵

归来统治这片土地——他也是白皮肤，留着胡须。预言中的神与科尔特斯的相似之处很难被忽视。

至于蒙特苏马是否真的相信科尔特斯是羽蛇神的活化身，我们无从考证。在西班牙对科尔特斯远征的描述中，阿兹特克人被描绘成易骗且顺从的民族，但许多现代历史学家认为这是胜利者书写历史的一个典型表现，也可能西班牙人完全误解了蒙特苏马最初对科尔特斯的礼遇，阿兹特克人很可能是用礼貌来彰显其统治地位。无论如何，科尔特斯到来的时间和性质都是另一次幸运的降临。1519 年 8 月，科尔特斯和他的手下距离特诺奇蒂特兰只有 320 公里了，而阿兹特克统治者仍对下一步行动犹豫不决。一些人倾向于在远离首都的地方进行武力对抗，但是蒙特苏马（一方面被他所看到的不祥之兆吓到，另一方面意识到他的礼物并不能说服科尔特斯放弃向首都进发）允许科尔特斯进一步接近。

为了保证西班牙军队的忠诚，科尔特斯亲手毁掉了自己的舰队。他说服被重税和进献活人祭祀摧残的当地部落奋起反抗阿兹特克统治，使自己的军队从一开始的 500 人

“科尔特斯说：我们西班牙人患了心病，只有黄金可以治愈”

贵族战士
贵族战士构成了特殊的军事精英部队。他们都是由像鹰战士和美洲虎战士这样的武士团体组成的，战士们会穿着相应的盔甲。

掠夺
科尔特斯手下的许多人对这次远征心存疑虑，但黄金和其他奖励的诱惑，以及科尔特斯强大的人格魅力，促使他们继续远征。

不看重黄金
阿兹特克人并不像欧洲人那样看重黄金的价值，他们更喜欢将其作为装饰而不是货币。他们并不完全理解科尔特斯手下对它的欲望。

△ 彼德拉·德尔·索尔，阿兹特克太阳石，在阿兹特克人的生活中扮演了重要的角色

壮大起来。科尔特斯还与墨西哥一些最优秀的战士结盟，他们是阿兹特克人的宿敌——特拉斯卡拉人。通过展示自己的军事实力和尊重特拉斯卡拉人的传统，科尔特斯甚至让一些人皈依了基督教。

1520年10月，在乔卢拉人帮助阿兹特克人密谋暗杀科尔特斯的消息泄露，计划失败后，西班牙人和他们的土著盟友在乔卢拉屠杀了大量的当地居民以互表忠诚——屠杀数量在3000到3万之间。这给蒙特苏马发出了一个令人毛骨悚然的信号——反抗我们，就去死吧。1519年11月，科尔特斯率领5万名美洲盟友抵达特诺奇蒂特兰，阿兹特克帝国敌人的军队已经兵临城下。

当西班牙征服者看到特诺奇蒂特兰城的规模之大、结构之复杂和建造之巧夺天工时，都惊呆了。特诺奇蒂特兰是一座建在巨大湖泊中央的城市，它可能是当时地球上面积最大、结构最复杂的城市之一。这就是科尔特斯为之不惜一切代价的奖赏，他花了九个月的时间策划、战斗、挺进和杀戮。不管是为了寻求和平还是真的相信科尔特斯是神的化身，蒙特苏马最初欢迎科尔特斯来到特诺奇蒂特兰，他邀请西班牙人进入他的宫殿，慷慨赠予他们大量的贵金属，并对科尔特斯的人说："你们来到了自己的城市——墨西哥，你们现在坐在属于你们的位置上，坐在你们的宝座上。哦，这是留给你们的，是由那些逝去的人代你们保存的……来吧，来吧，休息一下，在王宫住下，尽情享受美食。"

阿兹特克的特拉托阿尼（统治者）问候科尔特斯，称其为羽蛇神的化身，然后，两人互相致敬——西班牙人认为蒙特苏马宣誓效忠科尔特斯。西班牙人对阿兹特克人偏爱活人祭祀的程度和本质感到震惊和厌恶。为此科尔特斯把蒙特苏马监禁了起来。

特拉托阿尼被掠夺城市财富的征服者扣押在自己的宫殿里做人质。虔诚的天主教西班牙人摧毁了阿兹特克人的圣像，停止了活人祭祀，但当地人没有反抗。

尽管当地人的顺从出人意料，科尔特斯却面临着另一个意想不到的问题，就像他夺取特诺奇蒂特兰控制权一样出其不意。来自古巴的一支缉拿小分队抵达墨西哥海岸，奉命逮捕或处决科尔特斯。于是，在1520年5月，科尔特斯留下140名西班牙人和一些特拉斯卡拉人，由他的副手佩德罗·德·阿尔瓦拉多指挥控制特诺奇蒂特兰，而他则向东进发迎接来自古巴的敌人。科尔特斯以比对手少的兵力出发对抗潘菲洛·德·纳瓦埃斯。他发动了一次夜间突袭。胜利后，他用大量的黄金和赠予更多黄金的承诺作为强有力的谈判工具，说服了许多战败士兵加入他的阵营。

回到特诺奇蒂特兰后，科尔特斯发现那里一片混乱。据推测，阿尔瓦拉多和其余

围攻特诺奇蒂特兰

阿兹特克首都被血腥包围的关键事件

阿兹特克人的反抗

在科尔特斯离开特诺奇蒂特兰去迎击入侵部队后，佩德罗·德·阿尔瓦拉多担任了特诺奇蒂特兰的指挥官。当阿兹特克的托什卡特尔节被西班牙征服者误解为敌意时，双方关系恶化。在撤退到阿沙亚卡特尔宫殿之前，阿尔瓦拉多杀害了数以千计的阿兹特克贵族、战士、祭司和平民。

悲痛之夜

阿尔瓦拉多屠杀祭司、贵族、士兵和平民的事件引发了阿兹特克人对西班牙人的全面进攻，蒙特苏马死后，西班牙人在特诺奇蒂特兰的地位岌岌可危。由于寡不敌众，西班牙人和他们的盟军不得不逃离首都。据说科尔特斯曾为阿兹特克大屠杀哭泣。

河流和运河

通往特诺奇蒂特兰岛的陆路只有三条，这些进出岛屿的陆路成了围城期间的战场。在运河遭遇伏击的西班牙人要么被屠杀，要么被淹死，要么被俘虏。阿尔瓦拉多用他的矛撑杆跳过运河幸存下来，但只有三分之一的科尔特斯士兵逃了出来。

逃到特拉斯卡拉

科尔特斯和他的盟友在逃亡的途中遇到了一支阿兹特克军队，这支军队打算在奥通巴山谷摧毁他们的剩余力量。尽管损兵折将，科尔特斯还是逃回了特拉斯卡拉，重新集结并建立了新的联盟。科尔特斯计划把阿兹特克人围困在他们的首都。

围困下的特诺奇蒂特兰

科尔特斯建造了小型战舰，并与特诺奇蒂特兰的邻邦建交。他利用船只对抗阿兹特克人的独木舟，占领了通往首都的堤道，首都遭受了物资短缺和天花暴发的双重打击。尽管顽强反抗，特诺奇蒂特兰还是溃败了，大量的居民被屠杀。科尔特斯随后建立了现在的墨西哥城。

△ 描绘特诺奇蒂特兰这座伟大城市的画作

女人和翻译

如果没有他的女人做翻译，科尔特斯不可能在墨西哥取得胜利。马林凯在他的语言和阿兹特克人的语言之间建立了重要的联系。

马林凯是被献给征服者的 20 名奴隶中的一员，她后来担任了科尔特斯的翻译和调解人；她之前很可能接受过正规教育，这就解释了为什么她能说多种南美方言。

马林凯成了科尔特斯的女人，并与科尔特斯生下了一个儿子马丁，他是最早拥有西班牙和南美血统的混血儿之一，在 25 岁左右死去。一些人认为马林凯是一个叛徒，帮助侵略者镇压自己的人民，但另一些人则认为她是一个聪明的战略家，懂得审时度势。

△ 马林凯帮助科尔特斯与阿兹特克的使者沟通

的征服者误以为阿兹特克人为一个宗教节日所做的准备是别有所图——考虑到他们周围有成千上万的阿兹特克人——而屠杀了特诺奇蒂特兰的祭司和贵族。科尔特斯被迫以武力再次攻进特诺奇蒂特兰城，但到 1520 年 7 月，他和他的士兵被包围在了宫殿里。

△ 阿兹特克的风神面具

科尔特斯感觉到了阿兹特克人的不满，他让蒙特苏马出来安抚他的人民，结果他们把特拉托阿尼视为叛徒。接下来发生的事情成了几个世纪以来历史争论的焦点。

西班牙的记录表明，阿兹特克人用石头将蒙特苏马砸死；更近期的研究推测

“据预言，1519 年，阿兹特克羽蛇神将从东方归来，统治这片土地——他也是白皮肤，留着胡须。预言中的神与科尔特斯的相似之处难以被忽视”

征服者

在占领首都之前，西班牙征服者和他们的盟友袭击了沿途的多个阿兹特克村庄。许多阿兹特克人被军队杀害或奴役。

蒙特苏马是在对西班牙人不再有用时被谋杀的。一种说法称西班牙征服者对蒙特苏马表示哀悼，而另一种说法是，科尔特斯在背后捅了这位阿兹特克统治者一刀，或者是残忍地将熔化的黄金灌进他的喉咙，结束了他的生命。可以确定的是，蒙特苏马的死与特诺奇蒂特兰内部的武装起义同时发生。西班牙人被愤怒的阿兹特克人赶出了首都，科尔特斯差点丧命。在绝望中逃离时，许多西班牙士兵跳进运河，要么被衣服兜里掠夺来的黄金压得沉了下去，要么被阿兹特克武士拖到河中溺水而死。阿兹特克人打败了征服者，并将他们驱逐出了这座城市。这件事后来被西班牙人称为“悲痛之夜”。

虽然西班牙征服者逃离了这座城市，但他们留下了比他们的大炮、战斗犬和土著盟军更致命的东西。1520年，特诺奇蒂特兰暴发了一场猛烈的天花瘟疫，造成了大量人口的死亡，而活下来的那些人也因身体虚弱或饥饿无法自食其力。当

△ 阿兹特克文化中重要的神，雨神特拉罗克的雕像

活人祭祀

活人祭祀有多普遍？

阿兹特克人在鼎盛时期统治了周围大部分城邦，拥有大约1000万臣民。不断地进行活人祭祀意味着人类祭品的数量是巨大的，可能是人类历史上数量最多的。

谁来执行祭祀？

阿兹特克人有很多祭司来执行祭祀，祭祀通常由一男一女两个祭司主持。他们掌握了良好的解剖技术，以去除牺牲受害者的皮肤和器官。

为什么祭祀？

阿兹特克人征服了周边的其他土著民族，并要求他们供奉活人祭品，以安抚和取悦阿兹特克神。牺牲者往往自愿献身，因为他们被许诺来生过上富足的生活。对阿兹特克人来说，他们进行这些祭祀并不是因为嗜血，而是因为他们相信这是持续繁荣的必要条件。

如何进行祭祀？

科尔特斯为他在特诺奇蒂特兰所看到的景象感到惊骇——人类祭祀的规模和残忍甚至让残暴的征服者都感到厌恶。阿兹特克战士试图活捉他们的敌人，把他们献给阿兹特克神。

最糟糕的是……

每隔52年，大祭司们就会登上特诺奇蒂特兰的最高峰。在午夜，一个祭司会杀死一个俘虏并挖出他的心脏；之后他会尝试在受害者的胸腔里点火。如果他失败了，阿兹特克人相信星星会消失，神灵会毁灭地球。

为什么在幅员辽阔的阿兹特克帝国，一些土著部落会支持科尔特斯？

因为整个墨西哥处在一种低水平消耗战的不稳定状态。这些所谓的“花战”是低级但持续的小冲突，目的是通过让对手投入更多的人力资源来削弱他们。因为阿兹特克人的宗教是建立在寻找足够的俘虏做人类祭品的基础上，所以阿兹特克人更愿意让他们的敌人活着，而不是在战场上屠杀他们。

这导致了其他部落的仇恨——尤其是特拉斯卡拉人，阿兹特克人的死敌。科尔特斯利用其他土著部落的怨恨和嫉妒来煽动他们反对蒙特苏马，如果不成功，他也可以诉诸另一种手段——残忍地屠杀任何违背他意愿的土著。

“西班牙人被愤怒的阿兹特克人赶出首都，科尔特斯差点丧命”

科尔特斯带领西班牙征服者回到特诺奇蒂特兰复仇时，他们把这座城市夷为平地，阿兹特克帝国标志性的大寺庙经此一劫在地图上消失了几个世纪，阿兹特克帝国就此覆灭。直到几个世纪后，在墨西哥城的考古发掘才揭开了这一曾经辉煌的文明碎片。仅在征服者到达后的第一个 10 年里，墨西哥中部就有大约 80% 的人口死于埃尔南·科尔特斯的入侵部队和其他到达那里的西班牙人带来的毁灭性传染病。

△ 阿兹特克是非常先进的文明

科尔特斯和他的盟友们撤退到特拉斯卡拉，在那里他们得到了意想不到的给养，并开始与特诺奇蒂特兰城所在的湖周围的城镇建立联盟。在接下来的几个月里，科尔特斯封锁了首都——切断了它与大陆之间的堤道，并派双桅帆船控制了湖面。城市的食物供应被切断，通向城市的输水管道被封堵，与此同时科尔特斯继续进攻首都，而首都本身也被可怕的疾病包围。由于缺乏给养和天花瘟疫，加上西班牙人不断的进攻，特诺奇蒂特兰在被围困 8 个月后，于 1521 年沦陷。

奴隶印记

不管是小孩还是老人，每个俘虏的肩上，都要用热铁棍深深烙上字母G（意为“战争”），留下永久的印记。

用黄金铺路的城市

阿兹特克的城市真的像传说中描述的那样富有吗?

送给西班牙人的绝大多数黄金很快就被渴求财富的西班牙征服者熔化了，他们忽略了当地人创造的珠宝和装饰品的内在价值。阿兹特克人的黄金很快被带出了这个国家，重商主义和海盗主义意味着这些黄金最终会被带到世界的各个角落。墨西哥的黄金储量很小，这说明西班牙人抢劫的黄金数量可能被夸大了。

然而，阿兹特克人并不重视黄金——他们称其为“众神的排泄物”——他们更愿意将其用作装饰而不是货币，并且对西班牙人对黄金的贪婪感到不安。可以想象，他们乐于把他们的黄金储备交给西班牙人，不是因为这些储备非常丰富，而是因为这些储备没有什么重要意义。

具有讽刺意味的是，可能是蒙特苏马在西班牙征服者登陆时使用黄金作为贡品献给科尔特斯，才导致了特诺奇蒂特兰的灭亡。黄金非但没有满足科尔特斯，反而激起了他的更大欲望。

1519年7月，在写给西班牙国王的信中，科尔特斯列出了大约50件用黄金或宝石制成的项链和装饰品，其中一件“像车轮一样大”，还有一件是一顶装满金粉的西班牙头盔。然而，科尔特斯只将他全部宝藏的五分之一作为贡品送给了西班牙王室，这意味着财宝真正的数目在200至250件。对特诺奇蒂特兰宝藏的掠夺肯定为科尔特斯带来了很多的战利品，但在“悲痛之夜”从首都撤退到特拉斯卡拉时，却损失了很多。阿兹特克黄金的真正价值至今仍然无从得知。

科尔特斯只用了30个月就征服了墨西哥，并将特诺奇蒂特兰重建为墨西哥城；这块土地被重新命名为新西班牙。科尔特斯引进了基督教，并宣布活人祭祀非法。特诺奇蒂特兰被夷为平地，现代墨西哥城的第一批建筑被建成。为了在战后赢得和平，科尔特斯建立了一个以性结合为基本原则的社会——他甚至娶了马林凯（那个在他到达南美后不久，就成了他的翻译的女人）。

埃尔南·科尔特斯把欧洲人的观念和宗教带到了美洲大陆。他建立政治联盟的能力、冷酷无情的军事头脑和对权力的欲望，导致了世界上最伟大文明之一的终结，也摧毁了其最辉煌的城市。科尔特斯对孕育今天的墨西哥所发挥的作用无人能及。这也导致了阿兹特克文明的衰落，而对科尔特斯来说，相比之下，征服南美所带来的大肆掠夺的机会和无上权力更为重要。

△ 蒙特苏马二世是特诺奇蒂特兰的第九任统治者

征服者的盔甲构造

一名16世纪征服新大陆的西班牙或葡萄牙士兵

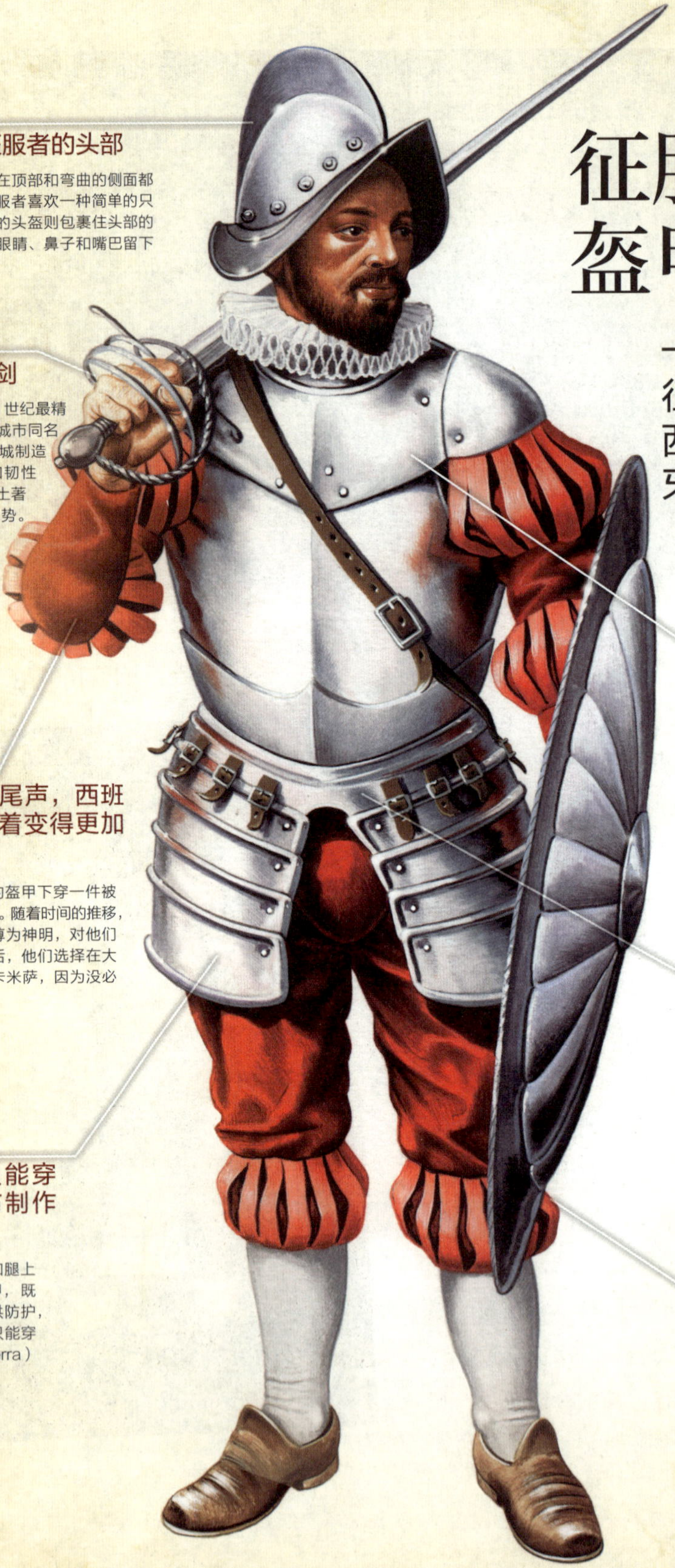

头盔

优雅地保护着征服者的头部

征服者标志性的钢头盔在顶部和弯曲的侧面都有显著的冠。大多数征服者喜欢一种简单的只盖住头顶的头盔，其他的头盔则包裹住头部的大部分，只给佩戴者的眼睛、鼻子和嘴巴留下很小的空隙。

托莱多剑

16世纪最好的剑

富有的征服者使用了16世纪最精良的刀剑。这把与制造城市同名的钢剑是西班牙托莱多城制造的。这把钢剑的力量和韧性使西班牙士兵比新大陆土著在武器上具有更大的优势。一些骑兵也会携带长矛。

卡米萨衬衫

随着战斗接近尾声，西班牙征服者的穿着变得更加随意

大多数征服者在他们的盔甲下穿一件被称为卡米萨的长袖衬衫。随着时间的推移，当一些征服者开始被尊为神明，对他们的敌意也逐渐减少之后，他们选择在大多数场合穿着较轻的卡米萨，因为没必要再穿着金属盔甲。

库尔拉

较穷的士兵只能穿用皮革或棉布制作的盔甲

富有的征服者的胳膊和腿上穿有重叠的钢板盔甲，既可以移动，也可以提供防护，但地位较低的征服者只能穿一件被称为库尔拉（cuerra）的棉布夹克或皮夹克。

胸甲

钢铁非常坚固，使征服者几乎无懈可击

和他们的剑一样，征服者的钢甲也是在托莱多制造的。它让穿着它的士兵几乎无懈可击，因此阿兹特克人和印加人的原始木质武器对西班牙士兵的盔甲几乎无效。事实上，一个征服者在自己丧命前可以杀死几十个土著人。

雅克塔·德·玛拉

财富决定了你的盔甲有多精致

征服者不是一支统一的军队。相反，他们是在美洲新大陆寻求财富的冒险家。因此，他们穿着不同的盔甲；最富有的人能够支付得起钢甲的费用，其余的人则依赖于任何可用的金属盔甲——通常是一种叫作“雅基塔德马拉”的无袖链甲背心。

盾

如果你的敌人用棍棒作战，木质和钢铁的盾牌一样好用

征服者的盾大多是圆形凸面，以偏转攻势。最强的盾牌是由金属制成的，尽管——由于阿兹特克武器的性质——木质盾牌同样有效。

如何制作硬饼干

Hardtack

15 世纪到 19 世纪探险家吃的超长保鲜饼干

从远古时代起，航海者们就开始制作可以长期保存的饼干，但超长保鲜的食物却是在 15 世纪开始出现的，它们是当时的探险家们的主要食物——但是它们经常被霉菌和昆虫污染！在蒸汽动力取代帆船之前，硬饼干一直很受欢迎。

材料

- 3 杯面粉
- 2 杯水
- 2 茶匙盐

方法

01 预热烤箱至第 5 挡 / 摄氏 190 度 / 华氏 375 度。准备一个扁平的烤盘或烤板，但不要在上面抹油。接下来在砧板或工作台上撒上面粉。

02 在碗中加入水和盐，慢慢筛入面粉，用控制板或黄油刀搅拌，直到混合物变浓稠，无法继续搅拌。

03 用指尖将面团揉成球状。把面团倒在撒了面粉的平板上，揉 5 到 10 分钟，直到面团变得既结实又有弹性。

04 在擀面杖上撒上面粉，把面团擀成大约一厘米厚的面饼。每擀几下之后，把面团转四分之一圈，以保持形状均匀，防止面团粘在面板上。

05 用锋利的刀或比萨切割器把面团的边缘修剪成正方形或长方形。把面团分成更小的正方形或长方形；或者也可以使用饼干切割器。

06 用鸡尾酒棒或叉子在面团上均匀地戳出几排小孔。

07 将面团放到烤盘上，以 5 挡 /190 摄氏度 /374 华氏度的温度烘烤半小时。

08 30 分钟后，将硬饼干从烤箱中取出，翻面再烤半小时。

09 现在将饼干从烤箱中拿出来，放在架子上，待到完全冷却后再吃或储存。

10 历史记录不那么准确的（但味道更好的）硬饼干使用苏打水而不是普通水制作，它会使饼干更轻，更脆，但是注意，这也会缩短它们的保质期。

探险者之船

登上西班牙卡拉维尔帆船

登上敏捷的西班牙船只航行七大洋

像埃尔南·科尔特斯和克里斯托弗·哥伦布这样的名字，是伟大探险、发现和殖民扩张的同义词。而帮助他们实现探险行程的船只也成了一段令人着迷的历史。它们就是西班牙和葡萄牙的卡拉维尔帆船——一种漂亮的小型船只，由于龙骨较浅，可以乘风航行，冒险靠近海岸线，甚至逆流而上。尽管它们的体积小得惊人，限制了船员的人数和装载货物的规模，但这并没有限制伊比利亚半岛的扩张和与亚洲之间香料贸易的建立——更大的船只后来被用于实际的贸易。正是卡拉维尔帆船的机动性使它成为备受欢迎的船型，由于南下探险较其他航线格外困难，这种小型船只可以更好地应付强风、浅滩和强洋流。

卡拉维尔帆船能够搭载20到25名船员，它以渔船为基础，使用最多三根桅杆以使其能够更接近逆风航行，并具有更大的机动性。宽大的方形主帆加上较轻的船体也使得卡拉维尔帆船的速度格外快，这意味着它可以超越当时海上几乎所有的船只。

这些优势弥补了货物和船员空

信息来源

卡拉维尔帆船的出现改变了大西洋两岸的历史，它还搭载了发现时代像哥伦布和科尔特斯这样的标志性人物。后来分散在世界各地的大量复制品的出现使卡拉维尔帆船得以在历史的长河中幸存——其中一些复制品今天仍在运行中。这些复制品连同在巴哈马群岛的沉船遗骸和船员们的书面记录使我们能够估算出卡拉维尔帆船的比例和布局。从这些描述中，我们可以勾勒出一幅15世纪乘坐这样一艘船只去异国他乡冒险的画面。

△“博阿埃斯佩兰萨号”的复制品，可以在葡萄牙的拉各斯市看到

卡拉维尔帆船的尺寸

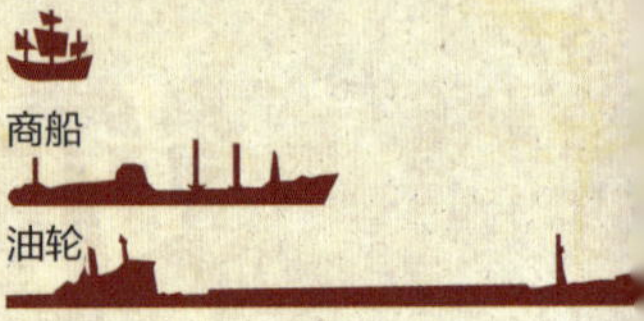

01 前桅帆

三面帆中最靠前的一面，它支持主帆，提供力量，帮助推动船只。

02 圣地亚哥骑士团十字勋章

圣地亚哥骑士团是为天主教国王而战的西班牙军队的一个骑士团，它也为哥伦布的探险提供了资金。

03 厨房

由于人员较少，厨房只有一个炉灶，每天只准备一顿饭。

04 载运量

虽然比同时代的帆船小得多，但它的货舱仍然可以装载50到200吨的货物。

05 防护漆

船体涂上了清漆使船壳更光滑，更耐腐蚀。

间的不足。但由于载重量在50吨到200吨之间的卡拉维尔帆船不适合独立出行进行交易，葡萄牙人在16世纪上半叶开发了一种专门的战斗版卡拉维尔帆船，在巴西为东印度群岛航线上的贸易船只护航。

卡拉维尔帆船把克里斯托弗·哥伦布带到了新大陆，把埃尔南·科尔特斯带到了墨西哥，它将永远是海军历史的重要组成部分。现在我们来看看使它在发现时代成为有力工具的关键特性。尽管船上的征服者在殖民过程中发挥了巨大的作用，但如果没有这些船只，他们永远也无法到达新大陆的海岸。

斐迪南·麦哲伦

1125天环游世界

Around the world in 1,125 days

本文记述了斐迪南·麦哲伦非凡的，同时也是不光彩、血腥和残酷的航行，它是有记载的第一次环球航行

太平洋
万山群岛
巴拉望岛
文莱
利群岛
印度洋
安汶岛
好望角
麦哲伦
70
60
50
40
30
20
10
0
10
20
30
40

1519年8月10日，五艘载有270人的船只，即所谓的“摩鹿加舰队”，从塞维利亚出发，寻找通往香料群岛的西行路线，该群岛位于印度尼西亚东部，现在被称为马鲁古群岛。摩鹿加舰队中只有一艘船成功环游世界，1522年9月8日，它载着18名船员平安返回塞维利亚。由此可见，这次航行并非没有代价。这次环球航行最初由葡萄牙探险家斐迪南·麦哲伦指挥，最终在胡安·塞巴斯蒂安·埃尔卡诺的统率下完成，在其间的几年里，麦哲伦这位巴斯克航海家从船长晋升为了上将。航行途中麦哲伦被杀，很多船员也死于疾病、兵变或与当地王国的冲突。本文将对整个旅程进行分解，记录旅途中舰队和他们遭遇的土著人的血腥及邪恶行动。

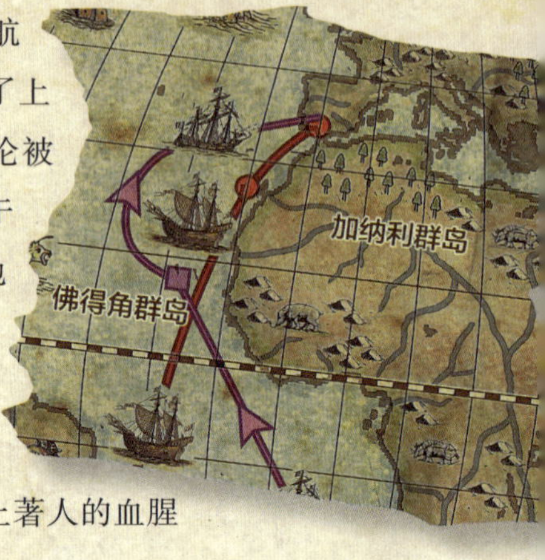

超级大国之间的冲突

日期：1519年8月10日—1519年9月20日
地点：塞维利亚和巴拉梅达（西班牙）

长期以来，斐迪南·麦哲伦的任务就是寻找一条穿越新大陆将大西洋和太平洋连接起来的航线。在征服印度尼西亚的远征中成名后，麦哲伦确信自己能找到这样一条可以避开南非好望角周围危险水域的航线。然而，由于在祖国葡萄牙失宠，航行请求又被国王曼努埃尔一世拒绝，麦哲伦投奔了葡萄牙最大的对手西班牙。

△ 编年史学家皮加费塔在这次航行中是麦哲伦的忠实拥护者

刚刚加冕的卡洛斯一世（很快就会被选为神圣罗马帝国皇帝查理五世）热衷于支持这次远征，他希望能充实国库，并在史书上尽早留下他统治的印记。因此，这位葡萄牙探险家背弃他的祖国向西班牙国王宣誓效忠，承诺从东方为国王带回能给他带来财富的香料，并在沿途为他的王国建立有利联盟。西班牙远征队以记录航海日志的习惯著称，多亏了这些记录，尤其是意大利学者安东尼奥·皮加费塔（他也参与了麦哲伦的航行）所做的记录，我们现在才得以了解这支舰队所面临的困境、所取得的成就和所犯的错误。

△ 特奥多雷·德·布里描绘斐迪南·麦哲伦航行的寓言画

塞维利亚建造了五艘船——四艘卡瑞克帆船和一艘卡拉维尔帆船，他们将向西航行进入太平洋，到达香料群岛。他们顺流从塞维利亚出发，到达桑卢卡尔，补充供给，再次出发，整个行程完全遵照麦哲伦心中的英雄克里斯托弗·哥伦布 20 年前第三次航行到新大陆时的路线。

△ 斐迪南·麦哲伦想要效仿他的英雄克里斯托弗·哥伦布

黑暗的起源

日期：1519 年 9 月 26 日
地点：加那利群岛

西班牙印度等地贸易署对西班牙国境以外的所有远征都拥有管辖权，它不信任葡萄牙的麦哲伦，并在他的船员中安置了自己人。胡安·德·卡塔赫纳，西班牙印度等地贸易署首领的私生子，在麦哲伦船队航行的早期就开始策划兵变。

麦哲伦得到消息说曼努埃尔一世已经派出一支舰队去追赶并逮捕他。远征早期，这位探险家一直在西班牙叛乱和葡萄牙报复的双重阴影下航行。他指控水手长安东尼奥·萨拉蒙与水手安东尼奥·吉诺夫犯鸡奸罪，水手长因此被绞死，但这对他树立在船员中的威望并没有什么帮助。鸡奸在当时是非法的，但在海上这种行为很常见，通常会被忽视。在后来的一次会议上，卡塔赫纳对麦哲伦选择的路线提出了质疑，并在此后拒绝接受麦哲伦的命令。然而，他的同谋者犹豫不决，于是他被捕了，麦哲伦解除了他的指挥权。

△ 这支舰队在试图横渡大西洋时经常遭到风暴的袭击

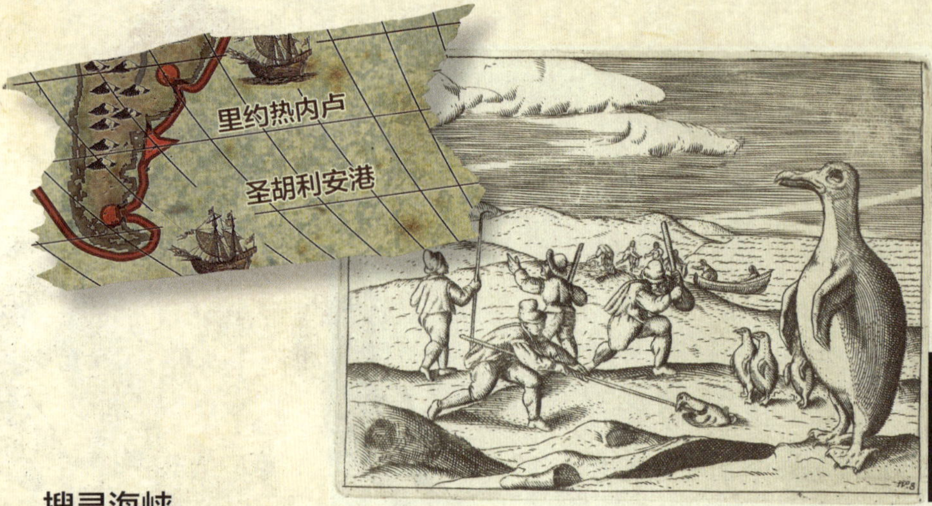

◁ 皮加费塔在记录中提到他们发现了一些不会飞的鸟，它们需要剥皮而不是拔毛。皮加费塔不知道他见到的是企鹅

搜寻海峡

日期：1519 年 12 月 13 日—1520 年 3 月 31 日
地点：里约热内卢湾（巴西），圣胡利安港（阿根廷）

在离开非洲海岸后，舰队终于转向西方，横渡大西洋，在 11 月下旬到达南美洲。舰队抵达里约热内卢的圣卢西亚湾时，当地的瓜拉尼人对他们表示欢迎。卡洛斯一世对舰队船员与当地人交往方面做出了严格指示：禁止船员们与女性发生性行为，不得向当地人开火，善待当地人。在接下来的几个月里，所有的规则都将被逐个打破。

虽然舰队在这里休息了一段时间，补充了供给，但当他们意识到岛上没有足够的供给时，向前推进变得更加迫切。他们继续沿着南美海岸前进，在遭受风暴袭击后，在波多黎各圣胡利安港暂时躲避。船员们按配额获取口粮，这很可能加剧了他们的不满，因为他们已经经历了相当悲惨的旅程。越过赤道之后，一个盛产鱼类的地方被选为过冬的庇护所。

分割世界

《托德西利亚斯条约》快速指南

什么是《托德西亚利斯条约》？

这份文件在 1494 年帮助当时的超级大国西班牙和葡萄牙瓜分了新世界。这条分界线，或称教皇子午线，是沿佛得角群岛以西接近 2000 公里的一条直线。这份文件的目的是结束发现新大陆后两大超级大国之间对新世界划分的争端。

哪里属于葡萄牙？

分界线以东的地区归葡萄牙所有，它主要集中在南大西洋和印度洋周围，葡萄牙可以对它在这一地区占领的任何土地宣示主权。

哪里属于西班牙？

西班牙控制分界线以西的所有地区，包括西大西洋的大部分地区，以及北美、中美和南美洲的大部分地区。人们还认为任何更西的区域都归属于西班牙，然而这种想法并没有考虑到地球的球形特性。

香料群岛是在西班牙水域吗？

麦哲伦的航行证明了向西航行可以到达印度尼西亚、马来西亚和菲律宾。因为它们在分界线以西，他也无意中证明了这些国家在葡萄牙的领土范围内（这个事实在当时在某种程度上被掩盖了）。两国拟订了一项新的条约，即《萨拉戈萨条约》，西班牙放弃其对摩鹿加群岛的所有权，而葡萄牙支付其 35 万达克特（按现代黄金价值计算，为 4300 万英镑）。

第一个周游世界的人？

马六甲的恩里克的一生

这个男人通常被称为“马六甲的恩里克”（西班牙语名字），在葡萄牙语中被称为 Henrique（发音也是恩里克），他的本名是庞利马阿旺（马来语发音）。他在 14 岁时，也就是 1511 年左右，被在去往香料群岛途中的斐迪南 · 麦哲伦收为奴隶。他是摩鹿加舰队上唯一的奴隶，也是一个有用的翻译，在舰队成功找到麦哲伦海峡后，他主要在太平洋群岛上为麦哲伦做翻译。

当他还是个小男孩的时候，就和麦哲伦一起向西航行，十年后从东方归来。比起船队的其他船员，恩里克被称为第一个成功完成环球航行的人更为合理。他这样做不是出于自愿，也不是作为一个自由人，但他仍然在这项使命中发挥了积极作用。

在麦哲伦死后，船员们没有遵从他的诺言，即他死后要将恩里克释放。因此，恩里克和宿务人密谋杀死了舰队的指挥官，以获得自由。后来的事情不得而知，但如果他真的要回到马六甲，从宿务出发航行 255 公里后他就能回到家乡。

兵变和发现

日期：1520 年 4 月 1 日至 11 月 28 日
地点：圣胡利安港（阿根廷），麦哲伦海峡（智利）

尽管卡塔赫纳因叛变被捕，但他被获准在“维多利亚号”（五艘船中较大的一艘）上自由活动。他再次成为船员们叛乱的导火线。他指责麦哲伦行事鲁莽，并得到了“维多利亚号”“圣安东尼奥号”和“康塞普西翁号”船长的支持，五艘船中只剩下两艘船对麦哲伦效忠。为了夺回对局势的控制权，麦哲伦派遣心腹去夺回“维多利亚号”，战斗中其船长路易斯·德·门多萨被杀。随着主控权再次向麦哲伦倾斜，“康塞普西翁号”的船长加斯帕尔·德·克萨达被抓获，卡塔赫纳投降。

△ 主谋被处死或流放，其他反叛者则幸免于难

在随后的审判中，克萨达被斩首，他的尸体和门多萨的尸体被拖走并肢解成四块。卡塔赫纳与一名被判有罪的名叫桑切斯·德·雷纳的神父一起被关押在圣胡利安港。因为考虑到舰队返回西班牙后，处死他们的消息可能会带来的后果，他们的生命才得以保全。另外 40 名船员被判有罪，并被降职到船上做卑微的工作，其中包括船长埃尔卡诺。

尽管已经是冬天了，但寻找海峡的形势依然严峻。因此，在 7 月，小卡拉维尔帆船“圣地亚哥号”被派出沿海岸探索。在圣克鲁斯找到一个更好的避风港后，“圣地亚哥号”在返航途中搁浅，迷路了。大部分船员奇迹般幸存下来，其中两人步行 11 天返回舰队，请求支援。船队在圣克鲁斯停靠，但在 10 月 21 日左右，康塞普西翁号和圣安东尼奥号被冲入一个海湾（这里后来被证明是太平洋的一个海峡），这里的航道十分复杂，圣安东尼奥号在他们的视线里消失了。这艘船是意外驶离了舰队还是又一次兵变尚不清楚，但它掉头返回了西班牙。另外三艘船于 11 月 28 日抵达太平洋。

△ 现在被称为麦哲伦海峡，摩鹿加舰队称它为巴塔哥尼亚海峡

欢迎来到太平洋

日期：1521 年 3 月 6 日—3 月 28 日
地点：关岛、菲律宾

在经历了南大西洋的波涛汹涌和强烈风暴之后，太平洋开阔的水域对船员们似乎是一种安慰，但是它比当时任何人想象的都要广阔得多。船员们严重低估了穿越太平洋所需要的补给，结果在第一次登陆前的 98 天里，至少有 29 名船员死于坏血病（缺乏维生素 C，一种水果中富含的元素，引发的疾病）。这已经是当时历史上有记载的最远的航行了。

舰队第一次看到的陆地是关岛，那里的查莫罗人乘坐他们自制的 proas（一种配了舷外支架和风帆的类似独木舟的小船），欢迎无敌舰队。西班牙船员没有见过这些双壳船。不幸的是，他们的第一次相遇并不愉快，因为查莫罗人对财产所有权的概念与西班牙人不同，他们登上西班牙船只后便开始随意拿走他们想要的物品，冲突随之而来。虽然他们之后还是达成了一些交易，但在麦哲伦的私人游艇被劫持后，他认为这是对他个人的极大侮辱。作为回应，麦哲伦命令他的人烧毁了查莫罗人的村庄，摧毁了四五十座房屋，杀死了七个人。

在接下来的几周里，征服者们在登陆苏伦、霍蒙洪和利马萨瓦时，改变了策略。他们更加谨慎，也更加热衷于让当地人皈依基督教。麦哲伦经常通过射击和在模拟战斗中展示他们的盔甲来恐吓他的东道主，以警告他们不要进攻。编年史学家皮加费塔所记录的双方关系更加友好。根据他的记录，在旅程中，麦哲伦遇到了利马萨瓦的科拉姆布国王，他们甚至达成了血盟。也正是在这里，麦哲伦在这次航行前几年从东方掳来的奴隶马六甲的恩里克用当地的马来语与当地人交谈。假设这里离他的出生地很近，虽然他当时是被偷偷带走的，之后又被迫返回，这仍将使他成为第一个环游世界后回家的人。

麦哲伦之死

日期：1521 年 4 月 7 日—4 月 27 日
地点：宿务，麦克坦

随着摩鹿加舰队航行的继续推进，它变得更加善于迎合当地族群，但这也使它卷入了当地政治。当它到达宿务时，麦哲伦会见了它的领导人胡马邦，并达成了另一个血盟。在这个阶段，麦哲伦通过威逼利诱使 2200 名宿务人皈依基督教。作为对宿务人盛情款待的回报，麦哲伦答应与胡马邦结盟对抗他的敌人麦克坦人及其领袖拉普拉普。

△ 在麦克坦战役中，麦哲伦试图炫耀欧洲先进的盔甲和武器，但他的人数远远不及对手

麦哲伦以拉普拉普拒绝皈依基督教为名开战，但舰队的船员们认为这不是卡洛斯一世派遣他们去执行的任务。麦哲伦不顾忠告，率领 60 名武装船员前往麦克坦，随行的还有一些宿务战士，但这些战士被告知只能在一旁观察欧洲人的英勇战斗。然而，退潮之后地势对麦哲伦他们不利，他们的登陆艇和树木线之间相距甚远，他们自己的舰队在射程之外，无法提供支援。另一方面，拉普拉普集结了 1500 人的队伍来对付外国侵略者，他们压倒性的人数和地域优势预示着欧洲人将被彻底击败。麦克坦人瞄准了没有盔甲覆盖的士兵的腿部，用毒箭射击。麦哲伦下令撤退后，宿务的士兵们一起帮助他们撤退，但是麦哲伦被射中，落在了后面，摩鹿加舰队的将军就此被杀。直到今天，拉普拉普仍因抵抗外国势力而被奉为当地英雄。

血腥的宴会

日期：1521 年 4 月 28 日—5 月 1 日
地点：宿务

将军在麦克坦海滩上丧生后，剩下的船员们选出了新的领袖，由葡萄牙和西班牙代表共同承担指挥职责。麦哲伦的姐夫杜阿尔特·巴尔博扎和“圣地亚哥号”的船长胡安·罗德里格斯·塞拉诺共同领导舰队。

他们作为指挥官的最初决定之一最终导致了他们的垮台。麦哲伦曾下令在他死后释放他多年的奴隶马六甲的恩里克，但巴尔博扎和塞拉诺拒绝遵守这一命令。他们大概想在探索整个菲律宾群岛、印度尼西亚及马来西亚的时候，让恩里克继续为他们做翻译。但是他们让人做的记录中却写道，他们坚持让恩里克回到西班牙，继续为麦哲伦的遗孀比阿特丽斯·巴尔博扎服务。皮加费塔的记录称，恩里克拒绝离开船只，因为他在与麦哲伦的战斗中受伤，但巴尔博扎威胁要鞭打他。没过多久恩里克就为自己复仇并获得了自由。

根据皮加费塔的记载，恩里克与胡马邦谈判，指出如果他们合作，国王可以夺取舰队所有的货物和财宝。新当选的船长们随后被当地国王邀请参加宴会。30 人参加了这场宴会，其中大部分是军官。当宴会接近尾声时，武装的宿务人包围了他们并发起攻击，杀死了 27 人。胡马邦这次本质上极为奸诈的行为很可能是为了挽回面子和维持人民的忠诚。塞拉诺被活捉以向舰队索要赎金，但在以若昂·洛佩斯·卡瓦略为首的其余船员意识到宿务人只是在索要越来越多的枪支，而且不大可能释放人质后，他们选择离开，撇下了他们新任命的船长，等待他的很可能是死亡。

△ 1494 年 6 月 7 日，西班牙和葡萄牙签署了《托德西利亚斯条约》

船员伤亡殆尽

日期：1521年5月2日—7月9日
地点：菲律宾、文莱、西班牙

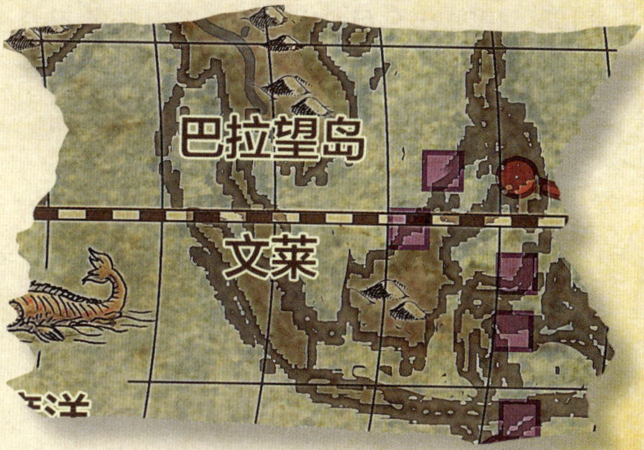

两年前从塞维利亚出发的船员中，只有115人仍然在摩鹿加舰队中。一艘船在海上失踪，另一艘掉头返回西班牙。在麦哲伦和他的继任者们相继死去后，船员们越来越意识到太平洋上生活的残酷，他们把注意力牢牢地放在了他们的最初目标上：到达香料群岛，装满丁香，然后以富人的身份返回西班牙。然而，他们很快意识到，他们没有足够的人手驾驶三艘船，于是“康塞普西翁号”，这艘最破旧、虫灾最严重的船，被遗弃并在海上焚烧。

△ 埃尔卡诺是一位经验丰富的水手和航海家，据说他因在远征中指挥权多次被忽略而感到非常不满

之后的航行画风突变。与当地船只的暴力冲突演变成了强盗行为，所有登陆都变成纯粹的交易。他们从其他船只上抓来当地领航员，帮助他们在有众多岛屿的复杂水域航行。但是，通常领航员会把他们带往相反的方向，回到自己家乡的港口，这一结果的好处是他们得以继续储备重要的补给。

与此同时，海上还有另一艘摩鹿加舰队的船只，它最终于1521年5月6日返回塞维利亚。“圣安东尼奥号”与其他船只失去了联系，不管它是有意或是无意，它已经独自航行了6个多月，它不知道同伴们的情况，但知道通往太平洋的海峡已经找到了。除了报告这一发现，船员们还立刻叙述了麦哲伦的残暴领导，指责他为葡萄牙背叛或密谋背叛西班牙，同时为他们自己在叛乱中所扮演的角色辩护。他们的话似乎起了作用，麦哲伦的家人因此被软禁在家。

香料群岛

日期：1521年9月21日——1522年4月6日
地点：文莱、马六甲

卡瓦略的领导生涯是充满争议的，他的领导能力面临着疲惫和不满与日俱增的船员的对抗和挑战。在他们登陆的岛上，他抓了一些囚犯带到船上去觐见卡洛斯一世，其中有三个女人是他在“特立尼达号”上的情妇。不出所料，船员对此极为不满。在此之前，除了恩里克，麦哲伦不允许任何奴隶和妇女上船。卡瓦略被赶下台，由马丁·门德斯接替，贡萨洛·德·埃斯皮诺萨担任“特立尼达号”船长，胡安·塞巴斯蒂安·埃尔卡诺担任“维多利亚号”船长。作为唯一有经验的航海家，埃尔卡诺在航行中占据着最大的优势。

在他的指挥下，舰队终于在1521年11月8日左右到达了摩鹿加群岛，在那里他们受到了当地领袖阿曼苏尔的欢迎。因为阿曼苏尔拒绝服从葡萄牙在该地区垄断贸易的要求，他迫切需要结交新的贸易伙伴。也是在这里，其他船员得知，自从他们两年前离开西班牙，葡萄牙人就一直在寻找他们。舰队在这里建立了一个贸易站，把船上装满了货物，其中大部分是丁香。然而，当舰队准备在12月离开时，“特立尼达号”开始进水。他们决定在修复期间，半数船员留在旗舰上，而“维多利亚号”将独自向西航行返回西班牙。而“特立尼达号”在准备就绪后会向东前往美洲，在通过大西洋返回西班牙之前寻找陆路运输路线。

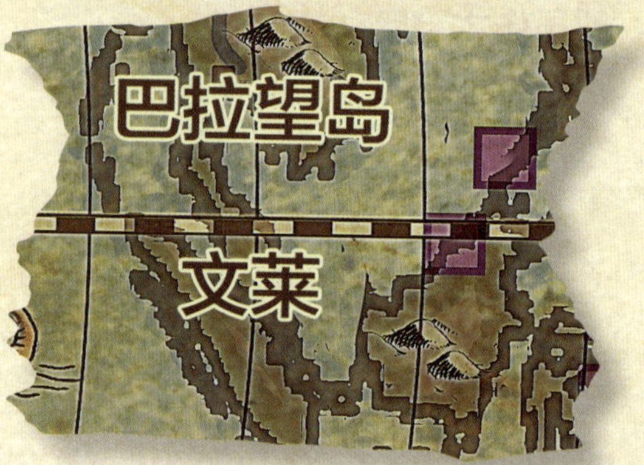

然而，当“特立尼达号”终于开始它的旅程时，却遭遇了多次风暴，船员们得了坏血病，30人丧生。在迫不得已回航蒂多雷时，他们发现葡萄牙人正在那里等着他们。“特立尼达号”最后被暴风刮得支离破碎，沉入大海。（“特立达尼号”的船员们并没有随船葬身大海，而是被葡萄牙人捉走了。）

一艘船返回

日期：1521年12月21日—1522年9月8日
地点：摩鹿加群岛，好望角，塞维利亚

胡安·塞巴斯蒂安·埃尔卡诺驶向印度洋，打算绕过好望角返回西班牙。这是一次冒险的航行，但是他别无选择。许多船员拒绝跟随“维多利亚号”回航，而是选择在“特立尼达号”上等待，而他们的最终结局并不尽如人意。63人留在了年久失修的“维多利亚号”上。无论摩鹿加舰队带着怎样的崇高目标出发，它也早就被搁置了。现在舰队的目标只是生存下来，能够回家。

在漫长的西行过程中，船在5月6日左右到达了好望角，但由于风暴和在这片水域航行的危险性，直到5月22日才安全抵达非

▽在他的船员们返回后，西班牙举行了纪念麦哲伦的游行

洲大陆的西海岸。在这段时间里，由于无法补给，坏血病又一次袭击了船员，夺去了21人的生命。

他们在葡萄牙人控制的佛得角群岛停留时，受够了“维多利亚号”航海生活的许多船员通过透露他们的任务来寻求葡萄牙的庇护，结果被葡萄牙人囚禁。因此，当“维多利亚号”在7月15日离开该岛时，只剩下了22名船员，他们不愿意放弃这艘船去赎回他们的同伴。

最后，“维多利亚号”于1522年9月6日到达了圣卢卡尔，然后在9月8日继续向塞维利亚进发。这艘船的状况非常糟糕，在向上游航行的过程中，船员们不断地用水泵排除船身的积水。此时船上只剩下18名船员，虽然一船的货物仍能使远征队获得丰厚利润，但船员们在忏悔，他们的经历磨炼了他们，使他们变得谦卑。他们航行了6万多公里，证明了地球是圆的，而且比想象的要大得多。他们打破了司空见惯的关于美人鱼和沸腾的海洋的航海神话，但他们发现暴风雨和人类的残忍也同样可怕。他们还是富有地回到了家乡，而埃尔卡诺完成了麦哲伦开启的旅程，获得了骑士爵位、养老金，以及王室对其私售船只的赦免，同时他的名字也被载入史册。

亚洲
ASIA

这片有着丰富资源和文化的伟大陆地早已掀起波澜。让我们看看从中国商人到欧洲水手，他们每个人如何从亚洲的巨大财富中获利

打开世界之门

瓦斯科·达·伽马

Vasco da Gama

1497年，瓦斯科·达·伽马从里斯本出发经好望角到达印度的航行改变了世界，也打破了几个世纪以来的传说

1497年，瓦斯科·达·伽马开启了前往印度的历史性航行。当时的葡萄牙还是一个伊比利亚半岛边缘的小国，它似乎被驱逐到了西欧的外缘——不夸张地说也确实如此。这个小国在15世纪沿西非海岸向南最终到达好望角（他们最初将之命名为“风暴角”）的探险改变了世界历史的进程。

当时的葡萄牙野心勃勃，冷酷无情，这要归功于它的多位君主，他们对自己将称霸一方的命运和卓越感深信不疑。葡萄牙还陷入了与比其更富有的邻国西班牙的竞争。两国间建立庞大帝国的竞赛在意大利探险家克里斯托弗·哥伦布——之前他请求葡萄牙王室支持他的探险时被他们拒绝了——发现向西通往印度群岛的航线（他发现了加勒比海）后加剧了，它们的竞争进入白热化阶段。然而，葡萄牙作为海上强国的发展是循序渐进的。在整个15世纪，他们在航海和地理方面取得了一系列重大发现，里斯本也因此成为多元文化的中心。天文学家、制图师、数学家和

△ 达·伽马同意会见卡利卡特国王。他们试图用货物进贡，但国王不为所动

决定性时刻
开启旅程

在出发前夕，达·伽马和他的同伴们在烛光下前往海滩和出发地点，沿途有神父和僧侣们诵经。聚集在一起的人群开始流泪，家人涉水告别，互诉衷肠后，船员们被用小船带到等待的船只上。

1497 年 7 月 8 日

瓦斯科·达·伽马

约 1460—1524 年

瓦斯科·达·伽马出生在葡萄牙西南部的锡尼什，他指挥的印度远征是葡萄牙扩张和帝国缔造计划的一部分。由于远征的成功，他被任命为印度总督。1524 年 12 月 24 日，他在抵达科钦三个月后感染了疟疾，死于这座港口城市。

朝圣者事件

瓦斯科·达·伽马的侵略战术导致了一起无耻的暴虐事件。1502 年，受到葡萄牙国王授予他的荣誉的鼓舞，在他第二次前往印度的航行中，他准备开战。

达·伽马恶毒的反穆斯林情绪源于基督徒对穆斯林的普遍仇恨。他认为用恐惧和武力统治是征服人民的最好方法。运送朝圣者往返麦加的船只成为了他掠夺的目标。

1502 年 9 月 29 日，朝圣船“米里号”进入视线，它载着数百名成年男女和孩子从红海朝圣归来。达·伽马下令发动袭击，原因只有他自己知道。起初，“米里号”的船员和乘客没有反抗。他们（完全错误地）认为可以通过谈判解决问题。

达·伽马使船瘫痪，让它漂流了 5 天，然后把乘客锁在里面，密封了所有的出口，点燃船只，歇斯底里地看着乘客全部被烧死。与此同时，他逮捕了 20 名儿童，命令他们改信基督教。达·伽马的这种暴行令船员们困惑和厌恶。

△ 瓦斯科·达·伽马可能是个残忍的人，当他情绪激动时，他会抢劫商人或穆斯林朝圣者

商人都涌向这座令人兴奋的城市。

尽管当时葡萄牙觉得自己被欧洲所孤立，但是毗邻北大西洋实际上使葡萄牙具有了地理位置上的优势。从 1415 年起，在亨利王子（被称为“航海家”亨利）的支持下，葡萄牙发现并命名了亚速尔群岛和佛得角群岛。这些岛屿迅速成为后来进一步探索公海的基地。同时，葡萄牙人也是熟练的水手和造船大师。在大西洋上的探险航行通常由两到三艘卡拉维尔帆船（小而灵活的船，有三角形的帆）组成的船队完成，他们开始专注于寻找一条经由非洲到达印度群岛（意为印度和印度洋）的航线。

几十年来，葡萄牙人一直沿着非洲的海岸线向前推进，沿着海角建造石柱作为标记，寻找通往非洲大陆彼岸的通道。他们沿着塞内加尔河、刚果河和其他异域航道航行，直到他们无法前进。到了 15 世纪末，他们仍然没有找到一条西进东非的路。在一次航行中，葡萄牙人最远到达了安哥拉并在那里建造石柱，其中一个石柱上刻着：“在世界被创造后的 6681 年，也是我们的主耶稣诞生后 1482 年，至高无上的伟大君主，葡萄牙国王若昂二世派他的大臣迪奥戈·康发现了这片土地并立下了这些石柱。”

决定性时刻

大胆的航行

离开佛得角群岛后，船队采取了一个将被载入史册的行动。他们没有沿着西非海岸航行，而是转向南大西洋，希望借助风势绕过好望角进入印度洋。93 天后，他们看到了陆地，就在好望角的北边。

1497 年 8 月

> “无法理解他人和他们的动机导致了误解”

1488 年，巴尔托洛梅乌·迪亚斯和他的船员们航行到了比以往任何船队都要远的地点：他们绕过了好望角后才折返（他们太害怕了，身体也太虚弱了，无法继续前进）。在巴尔托洛梅乌·迪亚斯证明了很有可能存在一条经由非洲到达印度洋的海上航线之后，并没有出现疯狂的航海热潮。9 年之后，下一个船队才再次出发。

自中世纪以来，就流传着关于生活在非洲名叫“祭司王约翰”的基督教国王的故事。埃塞俄比亚的国王都是基督徒，与祭司王约翰的神话相符。葡萄牙人探索印度洋的一个主要原因是宗教目的：他们憎恨伊斯兰教。与东部的邻国不同，他们很早就把摩尔人赶出了他们的土地。他们相信，通过与祭司王约翰结盟，他们可以从穆斯林手中夺取贸易控制权。这种控制既是经济上的，也是意识形态上的。

使达·伽马任务成行的一个关键事件是 1494 年签订的《托德西利亚斯条约》。在教皇亚历山大六世的斡旋下，该条约将未知世界一分为二，西班牙人分得西部的所有地区，葡萄牙人分得东部和南部的所有地区。用教皇子午线在大西洋中部划分区域非常复杂，因为它以里格而不是经度划分（但它意味着 1500 年葡萄牙意外发现巴西时可以对它宣示主权，当时佩德罗·阿尔瓦雷斯·卡布拉尔在去印度的途中顺着洋流方向航行意外到达了巴西）。

葡萄牙人建造的深壳船对于以勘探为目的的航行来说并不理想，所以当瓦斯科·达·伽马在 1497 年 7 月 8 日出发去探索通往印度的海上航线时，除了一艘较大的补给船外，还使用了三艘较小的船。达·伽马是“圣加布里埃尔号”（一艘卡瑞克帆船）的船长。他的兄弟保罗·达·伽马指挥“圣拉斐尔号”。“贝里奥号”（一艘卡拉维尔帆船，是三艘船中最小的）由尼古劳·科埃略担任船长。

△ 葡萄牙里斯本圣恩格拉西亚教堂的瓦斯科·达·伽马墓

△ 瓦斯科·达·伽马在卡利卡特登陆。这次历史性的海上航行将永远改变世界

为什么选择瓦斯科·达·伽马执行这次任务，由于历史原因已无从考证。不过，看起来他似乎不是首选，而是备选。曼努埃尔国王要求他的兄弟保罗指挥航行任务，但保罗出于健康原因拒绝了。虽然保罗不愿担任指挥，但他还是加入了舰队。达·伽马，一个来自锡尼什的小贵族，一定是有丰富的航海知识和经验，才会被任命为船长，这是一个需要坚定信念和顽强意志的工作。他性格强硬，脾气暴躁——他能掌控全体船员——这些品质一定发挥了作用。然而，在葡萄牙设法进入印度洋贸易之后，达·伽马的恶劣情绪和错误判断导致了不断的杀戮和混乱。

决定性时刻

第一次看到印度

在离开里斯本300多天之后，达·伽马的船队在东非海岸做了几次停留，然后在他们俘获的一名穆斯林领航员的帮助下穿越了印度洋。他们在季风季节到达。当他们穿过浓雾和厚重的云层时，这位葡萄牙探险家和他的船员们看见了高山。他们到达了印度。

1498年5月18日

1497年夏天，达·伽马的船队在顺风中驶向佛得角群岛，14天后他们在佛得角登陆。从那里开始，他们使用了和迪亚斯一样的利用洋流方向航海的技术，开始向西南航行。他们花了三天时间沿海岸慢慢向南航行并到达海角。中途有几次，他们遇到了当地人，他们中有些机警，有些友好。前方尚有未知的土地等待着他们。1497 年的圣诞节，达·伽马在途经一片沿海区域时将它命名为“纳塔尔”。

在莫桑比克，他们发现了阿拉伯船只和商人，并出乎意料地遇到了会说卡斯蒂利亚语的阿拉伯人。他们到达的未知世界的思想比欧洲要超前得多。

在那里海洋是各国的门户，多元文化和社交蓬勃发展。那里不是天堂（离天堂还很远），那里有正在交战的苏丹和他们的敌对势力，沿海城市和大陆（非洲和亚洲）之间的贸易网络比欧洲复杂。没过多久，达·伽马就注意到当地人的船因缺乏适当的防御而实力较弱。开战的时机已经成熟。

△ 瓦斯科·达·伽马在卡利卡特登陆。这次历史性的海上航行将永远改变世界

瓦斯科·达·伽马多疑的本性和好斗的倾向为他随后的人际交往定下了基调。他的行动总是小心谨慎，但他无法理解他人及其动机，导致了误解、无礼行为，甚至频繁杀戮。他折磨当地人以获取情报，劫持人质，在与当地部落的几次小规模冲突中幸免于难。葡萄牙人的偏执被证明是有道理的，有一次，他们发现一群人试图在夜深人静时登船。也是在这段时间，达·伽马遇到了他认为是基督徒的“茶色人”（他们是印度教徒）。

葡萄牙人穿过印度洋到达印度后，在与卡利卡特王室会面时表现得极为傲慢。达·伽马不遵守当地习俗；在港口征收关税；因为担心穆斯林商人密谋反对他（在这一点上他是对的）而拒绝下船；要求按照他的条件与萨穆德里会面；赠予萨穆德里令他觉得是对他的羞辱同时也被侍臣们嘲笑的礼物（衬衫、小饰品）；最后在一群穆斯林船只的尾随下驶离港口。他创造了历史，却没有结交到朋友。

达·伽马的航行帮助葡萄牙人占领了印度洋。离开时，达·伽马威胁印度人他一定会回来。他做到了，为了复仇和征服归来。葡萄牙成了第一个跨越全球的海上帝国，这个世界永久地被改变了。全球贸易和欧洲殖民海外的时代已经正式开启了。

时间旅行者手册

葡萄牙的马六甲

马来西亚的马六甲位于中国和印度的中间，往返印度尼西亚的香料群岛交通便利，在15世纪是亚洲贸易的中心。在1509年葡萄牙人到达这座城市之前的一个多世纪里，这个熙熙攘攘的港口一直欢迎着来自阿拉伯、波斯、中国、锡兰、印度、日本和各个国家的商船。

虽然最初苏丹马末沙对欧洲到访者表示热烈欢迎，但不久后他就确信这些欧洲人会对他们造成严重威胁，因此他袭击了他们的舰队并俘虏了他们的一些人。这引发了葡萄牙人的全面进攻。1511年，葡萄牙人带着14艘船只和1200人返回马六甲。他们包围了这座城市，并在40天内征服了它。

葡萄牙人控制了这个港口，但他们很快意识到他们并不能控制那里的亚洲贸易中心。马末沙在柔佛州重新建立了他的王国，并誓言夺回马六甲城。同时该地区的其他国家也对入侵者怀有敌意，因此许多商人迁往更安全的港口进行贸易。

驻扎在哪里

葡萄牙人一进城就修建了一座堡垒来保卫这座城市。法摩沙堡（意为“著名的”）是一座雄伟的建筑，它坐落于前苏丹王宫（在入侵期间被毁）所在地，环绕着河口东南的一座小山。它被长长的城墙包围，有四个塔楼分别用作四层楼高的堡垒的岗哨、弹药室及上尉和军官的住所。当马末沙和其他掠袭者进攻时，这座堡垒为城市提供了最好的保护。葡萄牙人还在城墙内建造了行政大楼、医院、教堂和连排的房屋。法摩沙堡离当地的市集和最古老的清真寺也很近，要想体验马六甲的生活，步行即可到达。

和谁结盟

阿方索 · 德 · 阿尔布开克

阿方索是一位传奇的帝国缔造者，他大胆地驶入马六甲港口，宣称马六甲属于葡萄牙人。因为他的军事才能，马六甲城在重重围困中陷落。阿方索很快意识到苏丹统治不受欢迎，并设法让当地居民转而支持葡萄牙殖民者。掌权后，他在该市所有多元文化群体中都任命了代表，其中包括印度人、爪哇人和马来人，并开始组织外交使团以获得盟友。如暹罗国王这样的有权势者都来拥戴阿方索，对他们来说，结识这位受欢迎的精明人是一个明智的选择。

额外提示：不容错过的是庆祝新货币发行的游行。11 头大象驮着装满新银币的碗伴随着军号和鼓乐在街道上游行，银币被撒向民众，传令官宣布新法，马六甲经历了一场空前盛大的游行。

做和不做

✓ **做好逃往安全地点的准备。**
葡萄牙控制下的马六甲四面楚歌，它与争夺马六甲的各方势力似乎有打不完的仗。

✓ **服从葡萄牙人。**
葡萄牙人对服从他们的人施以仁政。例如，当他们攻入马六甲时，他们洗劫了整座城市，但保留了归顺他们的人的财产。

✓ **知道哪里可以找到新娘。**
葡萄牙人把许多“国王的孤儿”送过来，这些年轻女子的父亲在战争中牺牲，因此得到国家的照顾，但却被送来嫁给殖民者。

✓ **了解这座城市。**
它有四个主要的门户通往不同的郊区，但只有两个是常用的。

✗ **期望大规模的贸易。**
由于来自其他港口的竞争，亚洲的许多商人绕过了马六甲，这里的贸易正在慢慢枯竭。

✗ **停留太久。**
1641 年，荷兰人经过多年艰苦斗争，终于从葡萄牙人手中夺取了马六甲的控制权。

✗ **待在郊区中心。**
伊勒是中心水源，沙巴是马来西亚穆斯林的乡村家园。

✗ **被外表所迷惑。**
虽然马六甲是一个富裕的城市，但大多数建筑都是用木头建造的，只有少数例外。

有用的技能

葡萄牙人对马六甲野心勃勃，有了这些技能，你也可以加入他们

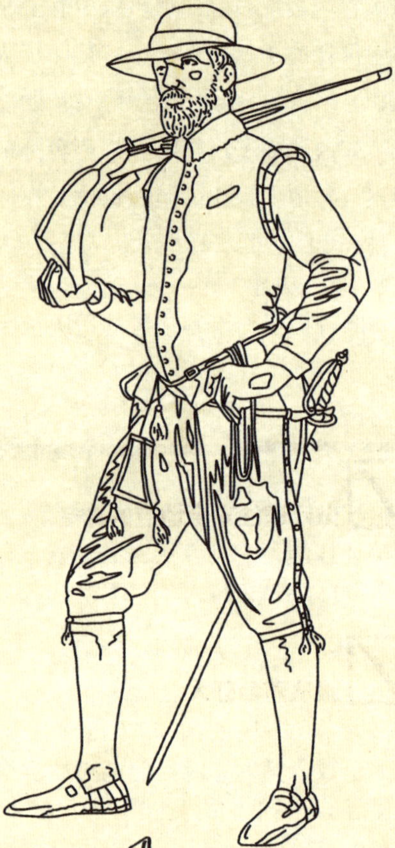

避开谁

苏丹马末沙

这位君主在很小的时候就继承了王位，他冷酷无情，远离自己的人民。作为一个繁华的港口城市，马六甲是一个由不同人群组成的多元化地区，但是政府倾向于支持穆斯林，这让其他族群的许多商人感到不满。当苏丹马末沙试图暗杀访问这座城市的葡萄牙海军上将时，他也彻底摧毁了与葡萄牙结盟的机会。逃离马六甲之后，苏丹多次试图夺回失城，但都没有成功。他被他的人民憎恨，在战斗中被打败，被迫逃离自己的国土，因而苏丹是一个鲁莽和累人的盟友。

战斗

葡萄牙人对马六甲的控制将不断面临来自马来苏丹和荷兰的威胁，因此他们需要熟练的水手和士兵来保卫这座城市。

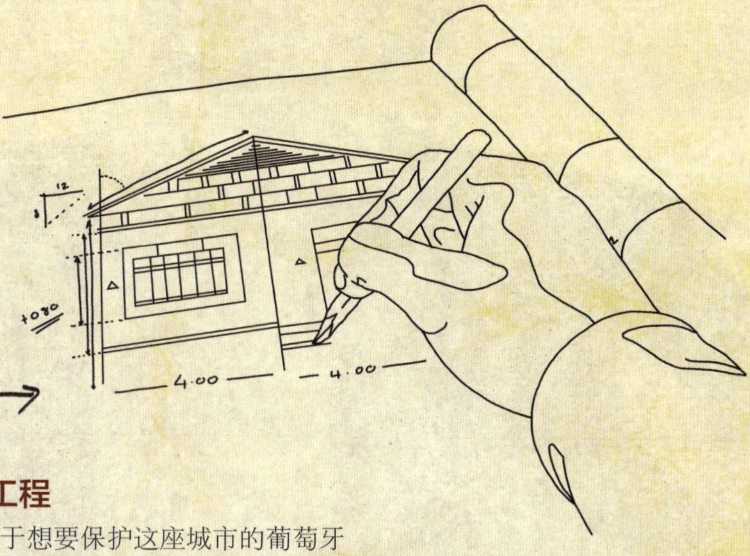

土建工程

对于想要保护这座城市的葡萄牙人来说，建造和扩建法摩沙堡是一项伟大的事业。拥有把它建设得更强更好的技术会让你变得非常有价值。

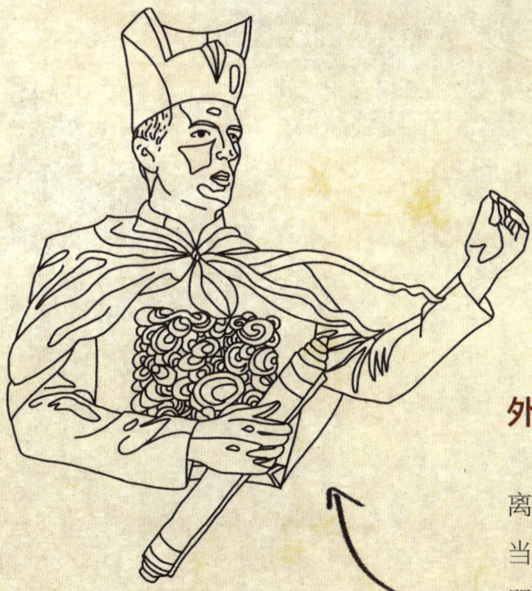

外交

阿方索立即意识到，要想控制住一个远离葡萄牙的城市，他需要很大程度上依赖于当地人的支持。同时，他需要与邻国建立联盟关系，所以智取而非强治是必需的策略。

△ 阿尔布开克在印度洋建功立业时，不可忽视的一个细节是他的高龄。航海生涯贯穿了他生命的始终，从青年时期开始直到 1515 年去世

葡萄牙的海军战士

阿方索·德·阿尔布开克

Alfonso de Albuquerque

作为一名雄心勃勃的战略家和冷酷无情的战士，阿尔布开克以国王的名义建立了一个跨洋帝国

自从北非飞地休达在1415年被国王若昂一世的军队征服以来，小小的葡萄牙王国的野心就不再被它有限的地理位置所束缚。在航海家亨利王子的指引下，海洋专门知识的掌握和对摩尔人（非洲的伊斯兰王国居民）的狂热驱赶共同作用形成了统一的国家战略。葡萄牙舰队的船长都招募自贵族家庭，并在萨格里什的航海家亨利航海学校接受训练，他们成功地探索了整个西非。

瓦斯科·达·伽马指挥24艘卡瑞克帆船，开启了葡萄牙海洋外交政策的下一个阶段。1500年至1504年，他的海军在红海击退了统治埃及的马穆鲁克人并破坏了南亚和中东之间的贸易路线。葡萄牙人通过公然开战而不是经济竞争达到目的，这往往带来可怕的后果，比如葡萄牙人放火焚烧了一艘满载穆斯林朝圣者的船只。建立帝国的任务落在另一位贵族水手弗朗西斯科·德·阿尔梅达身上，他的主要任务是通过各种手段提高葡萄牙在印度洋香料贸易中的地位。但是，印度总督阿尔梅达既没有财富也没有人力来主导次大陆的事务。事实上，为实现建立帝国的远大

△葡萄牙的卡瑞克帆船成为印度洋上的恐怖船只。这是1511年主导进攻马六甲的阿尔布开克的旗舰“海洋之花号”的复制品

△ 马六甲现在是马来西亚的一个旅游景点，就像这座被遗弃的葡萄牙堡垒一样，早期殖民时代给它留下的最后遗迹是一片废墟

香料群岛

想象一下，在近一千年的时间里，东南亚四座翠绿的小岛是一种珍贵商品的唯一来源。尽管巴占岛、贾伊洛洛、特尔纳特和蒂多雷的火山土壤不适合大规模农业种植，但却盛产芳香的丁香。一旦附近的海上航线得到保护，香料岛屿的占有者就可以通过出售大量干丁香花获得难以想象的利润。

从15世纪开始，伊斯兰教在这一地区的传播为马来半岛、印度海岸以及地中海东部地区建立了重要联系，而地中海东部正是香料在威尼斯登陆的地方。威尼斯对进口香料的控制是促使西班牙和葡萄牙前往印度及更遥远地域探险的原因之一。

第一个到达特尔纳特的欧洲人是一名葡萄牙士兵，他在马六甲沦陷后不久到达。随后的一系列尝试，包括失败的麦哲伦远征，刺激了殖民主义，削弱了群岛的独立地位。阿方索·德·阿尔布开克在征服马六甲后也派出了一支远征队。统治这些岛屿的当地王朝无法抵抗来自荷兰和西班牙的压力，曾经骄傲的统治者遭受了最大的耻辱——成为外国君主的封臣。在丁香的生产转移到印度洋后，香料群岛的经济意义在18世纪早期逐渐消失了。

目标，葡萄牙只是勉强派出了2000人，而葡萄牙造船厂生产卡瑞克帆船的速度也不够快。

当海军将领崔斯坦·德·库尼亚和阿方索·德·阿尔布开克在1507年出发援助总督的时候，他们只有6艘船，对他们的对手的战略了解得也不全面。但他们的经验和冷酷无情弥补了人数上的不足。16世纪早期，阿尔布开克在亚洲学习了印度洋贸易的所有模式，并且在1505年回到里斯本，帮助曼努埃尔一世制定出一个野心勃勃的策略。在他看来，这一策略将扩大瓦斯科·达·伽马的殖民成果并巩固葡萄牙在亚洲的经济实力。阿尔布开克拥有强大的军事背景，在他的暮年，他被派往公海执行秘密的征服任务。1507年，在他第一次尝试夺取奥尔木兹（今天的霍尔木兹）这座波斯湾海口的设防城镇时，他的任务昭然若揭。虽然在人数上处于极大劣势，还有当地苏丹的几百艘船挡住他们的去路，阿尔布开克仍然下令进攻摩尔人，迫使他们谈判达成了协议。征服计划成功了，但一心复仇的苏丹威胁入侵，再加上士兵士气低落，迫使他放弃占领该岛。

阿尔布开克毫不气馁，他的下一个目标是红海和亚丁港，但由于他的船长开小差，补给品也所剩无几，他只好躲在索科特拉岛上寻求补给。阿尔布开克的肖像展现了一位温和的老人，但却没有展现出这位53岁战士的战斗精神和同他的士兵一起无情屠杀时的残暴。他的正义感也引起了同样的恐惧。1510年，当他镇压葡萄牙人控制的卡利卡特起义时，他惩罚了军队中的逃兵，挖去他们的双眼，砍断他们的双手。事实上，随着时间的推移，阿尔布开克变得更加极端。

他的行事作风在1510年表现得尤为突出，当时他试图占领果阿岛，一个与阿拉伯海有直接联系的岛屿。十多年来，卡利卡特和后来的科钦一直是葡萄牙工厂和堡垒的所在地。然而，当地驻扎的葡萄牙士兵人数始终保持在数千人，这是一个明显的弱势。当时的印度并不是一个统一的国家，而是由多个王国组成的，所以印度教和穆斯林统治者之间的战争几乎是持续不断的。随着大量财富从阿拉伯、波斯、中国和香料群岛涌入，控制港口城市带来了巨大的风险。葡萄牙人要想因地制宜维护他们得来不易的利益，就需要得到地方统治者的支持。但随着越来越多的军队打算夺取卡利卡特，寻找新基地变得迫在眉睫并至关重要。阿尔布开克以不到一千人的兵力包围了果阿，并在短短一个月内设法令果阿投降。

当时，葡萄牙人在亚洲取得的胜利显得太过英勇，他们的士兵总是面临巨大的困难，但事实上有一些环境因素对他们有利。他们的一个明显优势是通过承诺丰厚的物质奖励（包括战利品和某些特权）与当地人结盟。比如，在果阿，印度人帮助阿尔布开克扭转了局势，推翻了当地苏丹王。另一方面，在当时的情形下，欧洲火器和大炮的影响力似乎出人意料地不那么突出。关于16世纪欧洲和穆斯林海军的战斗记录清楚地表明，后者的军舰上也有大炮和追击炮，所以人们不应该认为葡萄牙人有技术上的优势。葡萄牙当时的海军实力在很大程度上归功于对阿拉伯人航海技术的借鉴和模仿，以及不断的创新——知识和技能的互相学习证明了那些与欧洲人发生冲突的亚洲国家并不“落后”。

但葡萄牙人的战斗精神确实带来了非凡

△ 亚丁，奥尔木兹，果阿，马六甲海峡。葡萄牙海上骑士的“伟大战略”是先打破然后垄断世界上最大的贸易航线

的收获。果阿（仍由苏丹伊斯梅尔·阿迪勒汗统治）的居民受到了直接影响。在占领这座城市后，葡萄牙人开始了大屠杀，他们竭尽全力杀害穆斯林居民，并分割了他们的财产，掠走妇女和儿童。这种令人发指的行为并非例外。几年前，在攻占奥尔木兹时，阿尔布开克就曾将数百名妇女作为人质劫持到他的旗舰上，她们的命运一直不得而知。

但是，果阿并没有被付之一炬。阿尔布开克用几个月的时间重组了它的事务，并建立了一个防御堡垒。他加快了从制定税收到颁发营业执照等烦琐行政工作的速度，以便能立即从货物运输中获得收入。当地一家雇用印度工匠的造币厂，证明了阿尔布开克的管理才干。扮演遥远殖民地总督的角色并不是他的职责，但他还是竭尽全力。

随着1511年夏天的临近，他召集了1200名士兵和大约18艘船去执行任务，对抗埃及马穆鲁克人在红海外的再次入侵。然而，出于对大局的考虑，该计划被取消了。部队转而起航前往马来半岛西海岸的一个繁荣城市马六甲。由苏门答腊岛形成的狭窄海峡造成了一个瓶颈，繁忙的航运交通使马六甲港口吸引了大量的商品进出。这就是阿尔布开克决定占领这座城市的原因。然而，马六甲的闻名于世也造就了它的弱点。它的防御是有限的，将外国人，如泰米尔人、中国人和阿拉伯人安置在不同的区域，以防止他们引发争端。另外，一群葡萄牙水手在1509年的一次外交努力失败后被囚禁在马六甲，阿尔布开克还可以将他们对马六甲统治者——一个真实姓名已经消失在历史中的苏丹——的不满加以利用。

葡萄牙里斯本有一个纪念阿尔布开克的广场

夺取马六甲的行动在7月1日正式开始，葡萄牙人用封锁阻断了海峡的交通。当对苏丹的这种隐晦威胁没有起到任何作用，反而使他更加固执时，阿尔布开克烧毁了属于阿拉伯人和古吉拉特人的船只（中国人和爪哇人幸免于难）。马六甲强大的海军毫不畏惧，他们发起进攻，阿尔布开克的旗舰“海洋之花号”与规模更大的马六甲船只展开了较量。历经几个世纪，这场交战的细节已经变得模糊不清，但可以肯定的是，葡萄牙人在数量上完全处于劣势，未能摧毁对手的海军。令人惊讶的是，马六甲海军没有继续推进，阿尔布开克成功在城外登陆。马六甲没有城墙，城市内的房屋和工厂都是木头做的。一条狭窄的河流在要塞周围形成了一条天然的护城河。要塞有一个木结构的堡垒，上面竖立着大炮。连接要塞和城市中心的只有一座桥，葡萄牙人不知道如何攻占马六甲，马六甲人也不缺乏武器和人力来保护他们的领土。

进入围攻的后期，葡萄牙人变得非常克制，这不是出于人道主义的考虑，而是因为他们觊觎城市中库存的香料，把它付之一炬对他们没有帮助。得到当地盟友的帮助确实有助于扭转当时的僵局——关于这场战斗的描述强调，葡萄牙人在围攻中使用了中国的舢板在河上搭起临时的桥梁，以便攻下要塞。

"阿尔布开克就曾将数百名妇女作为人质劫持到他的旗舰上，她们的命运一直不得而知"

随着时间的推移，最后一根压垮马六甲统治者的稻草是爪哇人的突然起义。爪哇人是附近爪哇岛的商人，爪哇岛自己的辉煌城市与马六甲齐名。

阿尔布开克在8月中旬征服了马六甲。那是他漫长的军事生涯的顶峰。在返回果阿时，他迎来了航海生涯中的痛苦转折，"海洋之花号"和它的同伴们遭到了风暴的袭击——他们因失去香料损失了一大笔钱。阿尔布开克花了一年的时间准备再次远征红海的亚丁。1513年，他率领约20艘船攻打这座阿拉伯城市，但未能复制他在马六甲的成功。

自从阿尔布开克在1507年试图占领奥尔木兹以来，很多事情都发生了变化，而他在1515年又回到了奥尔木兹。图兰·沙阿是当时的国王，但他的大臣的侄子赖斯·艾哈迈德通过暴力威胁控制了他。国王意识到葡萄牙可以成为他的盟友，便允许阿尔布开克的船只登陆，葡萄牙人没有流血就攻占了奥尔木兹。阿尔布开克后来谋杀了艾哈迈德。

阿尔布开克在接到里斯本的新命令后——他将被替换——放弃了奥尔木兹，返回果阿，但他在自己的旗舰还没靠岸之前就在船上丧生了。那天是1515年12月16日，他62岁。新型帝国主义拉开了序幕，在接下来的200年里，欧洲的海军力量仿效葡萄牙的模式，瓜分了亚洲的其他地区。

果阿，大本营

阿方索·德·阿尔布开克从当地统治者手中夺取了这座港口城市，他的管理才能为葡萄牙的海外领土又增添了一颗宝石。葡萄牙开始了对该岛长达450年的统治，直到1961年印度终止与葡萄牙的外交关系并武力吞并该岛才宣告结束。但在其殖民统治的早期，果阿为其统治者达到了三个目的。

第一，它给了他们一个在印度洋的永久行动基地，使得他们可以直接到达阿拉伯海和孟加拉湾——后者后来成为英国东印度公司的领土。第二，葡萄牙帝国的天主教传教活动可以从果阿展开，因为它在伊斯兰教和印度教统治者的势力范围外受到保护，并且拥有通往中国和东印度群岛的交通纽带。第三，占领果阿意味着葡萄牙政府可以从许多利润丰厚的贸易（从昂贵的香料贸易到牲畜贸易）中获得收入。因此，阿尔布开克在占领这座城市后立刻计划建立当地的铸币厂也就不足为奇了。

葡萄牙的统治也存在阴暗面。阿方索·德·阿尔布开克颁布了新的法律，鼓励商业活动，但他下令屠杀当地的穆斯林居民。幸存下来的妇女们被嫁给了葡萄牙士兵，以鼓励他们在果阿定居。然而，虽然阿尔布开克在1511年将马六甲的穆斯林统治者逐出，但是他们在果阿的成功并没有复制到马六甲。在当地起义者和形势占优的荷兰人的攻击下，马六甲在1641年脱离了葡萄牙的控制，其帝国也逐渐瓦解。

△ 在里斯本，矗立着一座高耸的阿方索·德·阿尔布开克纪念碑，象征着他作为英雄永垂不朽。尽管阿尔布开克以探险家的身份闻名，但在他的任务中，更多的是战斗而不是发现

郑和

宝船航行

The Treasure Voyages of Zheng He

身为回民的郑和被迫成为宦官，他后来成为中国历史上最伟大的探险家

郑和在幼年时被俘并被阉割，后来他从侍从晋升为海军总指挥，登上了帝国阶梯的顶端。郑和身材魁梧，他率领一支伟大的明朝舰队进行了几次史诗般的宝船航行，到达了中东和非洲遥远的王国——整整一个世纪之后，克里斯托弗·哥伦布才到达了美洲，瓦斯科·达·伽马才在印度登陆。郑和是一位有远见的探险家，他的冒险使中国成为15世纪最伟大的超级大国之一。

郑和于1371年出生在中国西南部云南省白雪皑皑的山峰上，原名马和。作为回族父母的儿子，他在滇池岸边和他的兄弟及四个姐妹一起长大。他的父亲和祖父都曾在蒙古政府任职，都被授予了“哈吉”的尊称，因为他们完成了去麦加朝圣的艰苦而昂贵的旅行。

马和年仅10岁时，一支明朝军队入侵了蒙古梁王统治下的云南。经过几个月的流血战争，在屠杀数万人后，明朝军队征服了这座城市。在混乱中，马和的父亲被杀死，男孩被俘虏。按照惯例，他被阉割，后来被送到北平，也就是现在的北京，担任燕王朱棣

△ 描绘郑和的中国古代木刻画

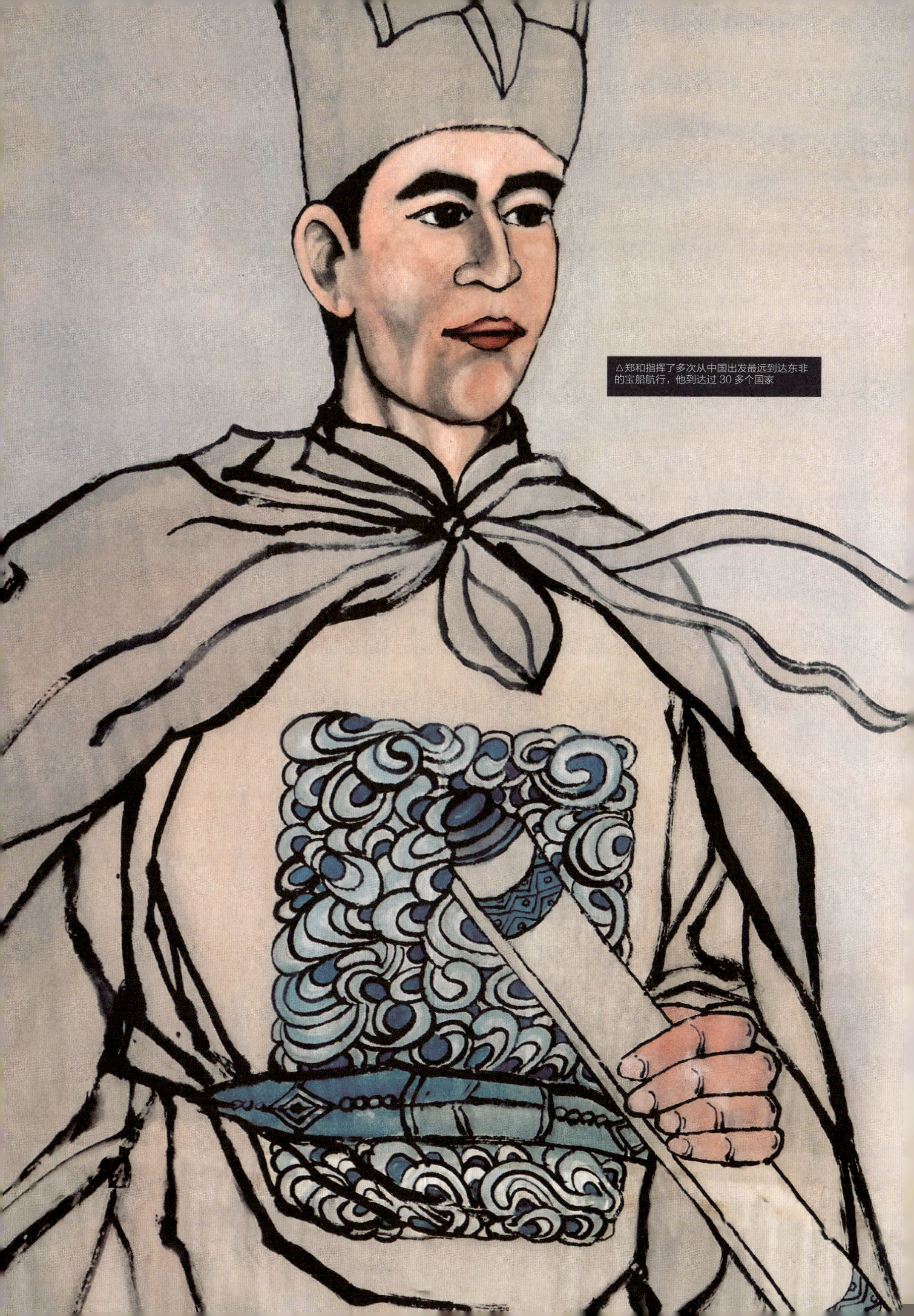

△郑和指挥了多次从中国出发最远到达东非的宝船航行，他到达过 30 多个国家

郑和的宝船

在皇帝的命令下，经验丰富的船工开始设计一种新的船，它被称为“宝船”。它比以往建造的任何船只都要大得多，它有 9 根交错的桅杆和 12 张用红色丝绸制作的巨帆。明朝的宝船大约 135 米长，55 米宽，它令哥伦布约 20 米长的“圣马利亚号”相形见绌。

宝船的 V 形船身设计巧妙，船头很高，船身很锋利，使它能乘风破浪。它的接缝处用黄麻和破布密封，然后用筛过的石灰和桐油混合物覆盖，因为它们硬化后，可以防水。船上的钉子上也涂上了这种混合物，以防止生锈损坏木材。

下层甲板上有储藏空间、厨房、大客舱和生活区，而上层甲板上镶嵌着 24 门铸铜大炮，每门的射程约为 243 米。船只的接合处被加固，这样它们就可以撞击更小的船只。受到竹茎室状结构的灵感启发，宝船添加了创新的水密舷墙隔间，以增加船的安全性。

此外，船上还有一个可以用作额外龙骨的可升降平衡舵。浮动的锚可以增加船在波涛汹涌的水域的稳定性。最后，船被装饰上耀眼的龙眼，这样它就可以看清前进的方向。

郑和的宝船究竟有多大一直是备受争论的话题，但是 20 世纪 60 年代考古学家发现的一个 10 米长的巨型舵和两个 64 米宽的干船坞结束了这场争论。

△ 郑和的巨型宝船被认为有 135 米长，55 米宽

“郑和从侍从晋升为海军总指挥，登上了帝国阶梯的顶端”

的宫廷宦官。

马和接受了正规的教育和管理皇室、守护太子后宫——保护皇室血统的一系列培训。几年后，他长成了一个大块头。除了引人注目的外表，马和的才智也引起了朱棣的注意。他聪明、沉稳、勤奋，被称为“三保”。

马和跟随朱棣多次出征，在军队中他刻苦学习兵法。1390 年，他陪同朱棣在北方大草原第一次对抗蒙古人。他们取得了巨大的胜利，成功劝服难以捉摸的蒙古指挥官那哈楚在血流成河之前缴械投降。

1402 年，朱棣起兵反抗他的侄子建文帝时，他把保卫北平水库的任务交给了才智过人的马和，后来又任命他为指挥官。经过三年的内战，朱棣夺取了帝都南京，篡位成为永乐皇帝。由于马和的忠贞不渝，朱棣赐他姓郑，将他提升到贵族和权力阶层。

朱棣篡权在中国墨守成规的儒家学者中引起了骚动，但这位野心勃勃的君主继续在自己周围安排宦官，他提拔郑和担任了内官监太监。作为皇室惯例和宫廷礼仪的守护者，郑和在从餐桌礼仪到外交的方方面面给朱棣提出了建议。

为了彰显自己的天子神威，朱棣把注意力转向了国外。他下令进行一次盛大的宝船航行，来签署条约、贸易协议和缔结联盟。他很可能想通过由朝贡国和诸侯国构成的网络扩大中国的政治势力范围，巩固皇位。

然而，朱棣知道，为了达成这一目标，

他需要建立一支前所未有的舰队。1403年，他下令建造62艘被称为“宝船”的巨大木制船只，船长约135米，宽约55米，每艘船都有9根桅杆。此外，他还命人建造了数百艘专门用途的船只，其中包括运送马匹的马术船、抵御海盗的战舰和淡水运输船。

这位羽翼未丰的皇帝将指挥舰队的重任交给了他的首席使节兼指挥官郑和，因为郑和坚韧不拔，具有非凡的外交和军事才能，完全能够胜任这一职位。永乐帝此举标志着中国历史上第一次有宦官被任命到如此高的军事职位。郑和没有浪费时间，他立刻着手组建了一支由占星师、海员、太监、士兵、水手、厨师和医务人员组成的多样化船员队伍。

△ 郑和的墓，据说他的一缕头发被埋在这里

郑和于1405年7月11日首航出发。在船队起锚的前一天晚上，永乐皇帝为船员们举行了宴会，并向妈祖献祭，以祈求平安。连郑和这个虔诚的穆斯林，也参加了仪式。

第二天仪式仍在继续，每个船长都在罗

盘前祈祷。随着祈祷词在空中回荡，这支由255艘船和2.78万名船员组成的庞大舰队缓缓驶出南京港，向刘家港进发，在那里它们将被编成多支小队。它们更像一座漂浮的城市，而不是一支舰队。这是令人敬畏的景象，也是皇帝巨大权力毋庸置疑的象征。郑和的巨轮里藏着大量的丝绸、漆器、刺绣、瓷器、书法卷轴和优雅的乐器——这些都是中国可以拿出的最好的宝贝。

舰队沿着东南海岸向福建进发，在那里他们停留了几个月的时间，等待有利天气条件的到来，以便于他们穿越南海。郑和和他的船队用指南针导航，用焚香来计时。为了确保他们在航线上，他们使用阿拉伯系统的双向定位法，用星星距地平线的高度来核对他们所在的纬度，用牵星板的指宽来确定度数。

横渡南海后，明朝舰队途经占婆，在那里，这位太监用传统的明代青花瓷器和丝绸换取乌木、拉卡乌木、黑竹和稀有的沉香木。此外，在出发去爪哇前，他还收到了作为贡品献给朱棣的犀牛角和象牙。东爪哇国王欢迎船队的到来，他用香料和铜交换瓷器和丝绸，并邀请中国人观看爪哇传统表演、比武和火葬。

船队继续向南航行，经过苏门答腊岛海岸，穿过印度洋到达熙熙攘攘的贸易港口锡兰。虽然当地满是宝石和珍珠，郑和还是觉察到国王的不安。为了避免冲突，他命令他的舰队前往卡利卡特——印度西海岸一个强大的城邦。他惊叹于当地结构化的社会和司法体系，并记录了明朝和卡利卡特人在文学和艺术欣赏方面的相似之处。

中国船队在那里停留了几个月，以货易货，开展贸易，郑和获得了大量的宝石、珍珠、珊瑚、姜黄和胡椒。随着首次航行接近尾声，龙舰队带着来自卡利卡特、奎隆和苏木都剌的大使和贡品启程回家。

然而，航行到马六甲海峡时，郑和的船队遇到了臭名昭著的海盗陈祖义。在伏击了劫掠者之后，龙舰队放火烧毁了他的10艘船，杀死了他的5000名部下，并俘虏了陈祖义，然后把他带回南京，在那里处决了他。

看到郑和复兴了中国的朝贡网络，朱棣很高兴。1407年，朱棣下令第二次远征，让使节们返回各自的家园。然而，这次远征并非一帆风顺。郑和的舰队到达爪哇时，170名船员由于西爪哇国王的命令被杀。明朝朝廷要求爪哇国支付6万两的黄金作为对士兵死亡的赔偿。国王很不情愿地答应了，派使者到中国来弥补过失。

△ 一幅描绘郑和和他手下的彩绘，被发现于印度尼西亚爪哇的一座寺庙

明朝的兴衰

明朝的创始人朱元璋出生在一个默默无闻的地方。他十几岁时就成了孤儿，在寺院度过了他的青春时光。1352年，他加入了红巾军。1356年，他带领军队成功攻入南京。1368年，朱元璋自立为帝。在位期间，他实行铁腕统治。

朱元璋死后，他的孙子继承了他的皇位，但他的儿子，心怀怨恨的朱棣，发动了一场篡位之战。朱棣登基后，为了扩大中国的朝贡体系和贸易，开启了“宝船航行”。当时，明朝最受欢迎的出口产品之一是青花瓷。然而，朱棣的死使明朝进入了孤立主义时期，朝贡制度随之崩溃。

幸运的是，到了16世纪50年代，海上贸易开始复苏，国家人口也开始增长。不幸的是，经济繁荣之后再次面临衰退。由于宦官争权夺利，以及一些其他原因，使得中国经济一落千丈。最后，小冰河期到来，引发了大范围的饥荒。

1642年，沮丧和饥饿的反叛者炸毁了黄河堤坝，造成大规模洪水和大量人口死亡。社会随之分崩离析，两个敌对的领导人掌管了国家。两年后，明朝最后一个皇帝自杀，满族人利用混乱成为下一个王朝的统治者。

△ 朱元璋于1368年称帝，明朝由此诞生

△ 刻画郑和第一次出征马来西亚马六甲时的青铜浮雕

在卡利卡特，郑和被邀请观看新国王的宣誓仪式。与此同时，他的部分舰队前往暹罗，以增援卡利卡特人对抗他们几十年的宿敌高棉人。为了表示感谢，暹罗派使者到中国，并进献了大象和孔雀。朱棣向暹罗回赠以华丽的宫廷服饰和书写工具，促进了中国文化在亚洲的传播。

1409年，郑和再次率领50艘船只和3万人的远征队出发。在占婆停留后，他们继续前往爪哇，然后是马六甲。在马六甲，郑和赠予国王两枚银质印章，正式承认该城邦为自治王国。不久之后，马六甲的居民开始被中国文化同化，他们穿上了中国传统服饰，有些人甚至嫁给了中国船员。有人认为，在此期间，马六甲国王改信了伊斯兰教，郑和远征对宗教在东南亚的传播起到了至关重要的作用。

1411年，当宝船队到达锡兰时，这个曾经统一的岛屿已经爆发了内战，僧伽罗当权

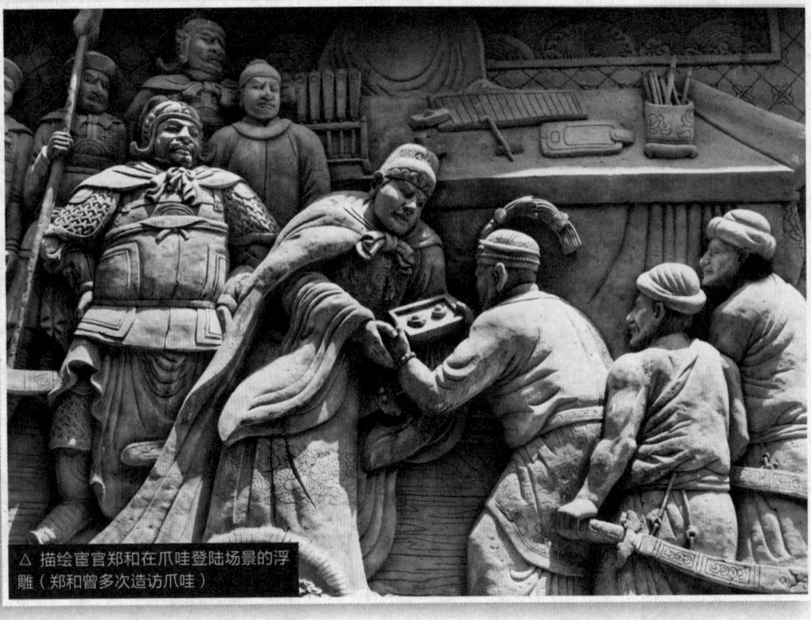
△ 描绘宦官郑和在爪哇登陆场景的浮雕（郑和曾多次造访爪哇）

者与在北部站稳脚跟的印度教泰米尔人开战了。当地领袖威叻·阿拉凯什瓦拉不仅拒绝向永乐皇帝进贡，而且拒绝了郑和在岛上竖立纪念碑的请求。随后阿拉凯什瓦拉把郑和及他的手下赶回了船上。盛怒之下，明指挥官率领军队来到科特，占领了这座皇家城市，俘获了阿拉凯什瓦拉，并将他押回了中国。

郑和回国后，他成功的消息传得家喻户晓，来自孟加拉、卡利卡特、科钦、爪哇和马六甲的使节源源不断地向明朝进贡，表达他们的敬意。

在重新确立了中国的地域主导地位后，朱棣将注意力转移到了别处。明朝的第四次远征是截至当时最雄心勃勃的一次，它比以往任何一次都走得更远——船队到达了波斯湾。由于没有自然地标指引船队回家，郑和出发前在刘家港建了一座10米高的人造山，名为宝山。朱棣在此立有一座碑，山上设有烽火台，白天燃烟，晚上点火，指引航向。

郑和于1413年起航，按惯例在占婆和爪哇停留了几次后，第一次冒险前往马尔代夫。然后，他穿过阿拉伯海，到达了阿拉伯港口霍尔木兹，在那里，中国商品被用来交换蓝宝石、红宝石和地毯。以好客著称的阿拉伯人向中国人赠送了狮子、豹和优雅的阿拉伯马，作为对真龙天子的贡品。在离开之前，郑和的医生从阿拉伯药剂师那里学习到新的草药和酊剂的相关知识。与此同时，当地人也了解了中国的测量系统和乐器。

1417年，郑和第五次出发远征。船队在港口城市泉州停留，收集传统瓷器、茶叶和丝绸，以便进行贸易。在此期间，郑和在这座城市的主要清真寺做礼拜，同时参加佛教仪式。据称，他从这里招募了一队阿拉伯领航员和航海家，准备下一步的航行。

郑和的船队探索了新的水域，冒险越过霍尔木兹，到达阿拉伯南部的亚丁港。苏丹张开双臂欢迎郑和的到来，渴望与其结盟来对抗他的对手埃及。郑和答应了他的请求，为了表示感谢，苏丹赠予郑和一群异国情调的狮子、骆驼、豹子和长颈鹿。随着亚丁海岸逐渐消失在地平线上，明朝的舰队继续前进开辟新的航线，他们先后到达了摩加迪沙、布拉瓦和非洲海岸的马林迪。

从第五次远征结束的地方开始，第六次远征是一次探险，而不是贸易和开拓。对这次远征的记载描述了东非的干旱土地、当地的居民和温暖的气候。然而，在1424年，不可思议的事情发生了。朱棣驾崩，享年64岁。他的继承人在登基的那天，宣布了他的第一个政令——立即停止所有的宝船建造，并且停止所有的宝船航行。

7月11日是中国海洋日，也是郑和首航的日子

虽然新帝解除了郑和的海军总指挥职务，但任命他为南京守备太监。然而，登基仅8个月后，新帝突然去世，留下他的儿子太子朱瞻基。在随后的几年里，中国贡品贸易和国际地位再次下降。朱瞻基为了恢复明朝的声誉，下令“宝船”第七次出航。

1431年离开南京后，郑和再次掌舵，率领船队一路到达卡利卡特。在这里，这支由300艘船只组成的舰队分成了几个小队，其中一个前往霍尔木兹和东非，向南最远到达了马林迪。再次集结后，巨龙舰队驶回了故乡，但郑和在途中不幸去世，享年62岁。按照回族的传统，他的身体被清洗干净，用白布包裹起来，然后被沉到了水底——他的头指向麦加。在他的要求下，他的一绺头发被埋在南京城外。郑和去世的消息传开后，爪哇人举行了一场仪式，祈祷词从小岛传出漂洋过海。

△ 相传由郑和绘制的世界地图

郑和的最后一次远航也注定是“宝船”的最后一次远征。在半个世界都在中国的掌控之中后不久，中国退出了国际舞台，开始实行长达几个世纪的孤立主义政策。在数十年的中国文化和哲学辉煌过后，这支伟大的舰队被迫消失。如果郑和的宝船继续游弋于这片海域，很难想象葡萄牙人和西班牙人还敢进入明朝控制的区域。但是，他们最终所听到的只是关于一个回族太监的传说，他指挥了一座漂浮的城市，并绘制了世界地图。

日本的贸易

南蛮时代

The Nanban Era

虽然日本和欧洲的联系曾一度非常紧密，但是对建立新秩序来说这种关系的发展速度还是太快了

1543 年，3 名葡萄牙商人在殖民地马六甲登上一艘中国舢板船，起航前往中国。在猛烈的台风袭击下，这艘船偏离了航线，最终被冲上一个亚热带小岛——种子岛——离日本最南端的九州岛不远。在那里，他们受到了日本南部九州岛强大的萨摩领地领导人岛津贵久的谨慎但热情的款待。察觉到贵久的好奇心，商人们点燃了火枪，这种新型武器令当地人充满敬畏、震惊和欢乐。这些商人们被告知，他们登陆的岛隶属于日本。日本是一个由勇士阶级统治的封建国家，勇士们被称为“武士”。而这个国家强大的宗族曾经统一在军事独裁者幕府将军的麾下。他的政府垮台之后，权力分散到各省。

在战国时期的日本，像贵久这样的军阀不仅要努力遏制邻国的侵占，还要遏制自己附庸领地的蠢蠢欲动。尽管日本拥有丰富的白银，但长期以来，日本与中国的贸易因海盗活动而大幅减少。葡萄牙商人们回到马六甲分享关于九州岛信息的同时，关于葡萄牙人异国武器的消息就像野火一样传遍了九州。

△ 当在澳门的葡萄牙商人看到他们的同行者带回了这么多白银时，他们纷纷涌向日本的港口

在那之后的一年内，葡萄牙人就登上了远至九州北部的土地，在丰后国建立了一个贸易站。然而，正是这个国家尚未开发的潜力，在 1549 年吸引了耶稣会创始人方济各·沙勿略的到来。在马六甲，方济各听说，在看到一些葡萄牙商人用十字架驱赶家里的鬼魂后，整个村子的人都在门上竖起了十字架。沙勿略微笑着说：“因此，我欢乐地在希望中忙碌，我的灵魂因相信和期待在那里等待着我们的丰富收获而欢乐。”

沙勿略的第一个东道主是贵久，他刚刚在一次城堡围攻战中第一次使用了火绳枪。贵久看出沙勿略深得葡萄牙商人的尊敬，所以当耶稣会信徒递给他圣母马利亚和婴儿耶稣的画像时，他恭敬地跪了下来。与此同时，沙勿略被贵久的盾形纹章所吸引，纹章的图案是内嵌白色十字架的圆圈。尽管贵久告诉沙勿略，他会“保护好”配有惊人插图的“基督教律法书”，但他对基督教信仰还是存在很多误解。沙勿略从佛教的发源地印度来到日本，他的翻译葡萄牙语水平有限，在翻译时混淆了基督教教义和佛教术语及概念——他用“大日如来”或“大太阳”，而不是用“Deus”（葡萄牙语）来表示“上帝”。

沙勿略继续他的旅程前往平户港，之后他去了日本最大的岛屿本州岛寻找“天皇”。虽然他到达了无政府的首都，但幕府将军躲藏了起来，天皇也不知所踪。于是，他接受了丰后国大名大友宗麟的邀请。此时的大友宗麟已经开始和葡萄牙商人进行贸易，因此他允许沙勿略在丰后传教，在他 1552 年回到果阿之前，有数百人受洗成为基督徒。

大友宗麟

日本与欧洲建交为该国带来了枪支，永远地改变了战争的面貌

英国的武士

威廉·亚当斯曾在弗朗西斯·德雷克手下服役，他报名成为一名领航员，参加了一次荷兰人发起的横跨大西洋和太平洋的航行。在经历了一系列灾难之后，亚当斯的船在 1600 年 4 月被冲到日本丰后的海岸上，随后遭到了海盗的袭击——后来在当地领主的命令下，一些被掠物品被归还。

尽管亚当斯和他幸存的船员们一开始受到了热情的款待，但他们身处耶稣会的大本营——作为葡萄牙天主教徒，耶稣会对英国和荷兰的新教徒深恶痛绝。耶稣会起初请求当地领主营救船员，但听说这艘船来自荷兰后，他们改变了态度，鼓动当局将他们作为海盗逮捕并处决。这起事件引起了轰动，亚当斯被叫到大阪城堡面见他误以为是国王的未来幕府将军德川家康。

在与亚当斯交谈后，对葡萄牙人不屑一顾的德川家康认为亚当斯对他会大有用处。幸免于难的亚当斯为日本设计并建造了日本历史上第一艘西式大帆船。尽管德川家康拒绝让亚当斯回到他的妻子和孩子身边，但他用自己的封地让亚当斯成为一名武士——这一举动是前所未有的。亚当斯不仅穿上日本人的服装，按日本人的方式生活，还娶了一个日本妻子。他后来写道：“上帝在我经历了这么大的苦难之后为我提供了一切。”当荷兰人和英国人最终来到日本时，亚当斯担任了翻译。1620 年，亚当斯在平户去世时，已与第二任妻子疏远，他给英国的家人和日本的孩子留下了 500 英镑。

△ 虽然亚当斯一开始想回家与家人团聚，但当机会出现时，武士们拒绝了

△ 虽然中国和日本的船只长期以来一直受到海盗的侵扰，但载重量2000吨的葡萄牙船只却可以抵御海盗的攻击

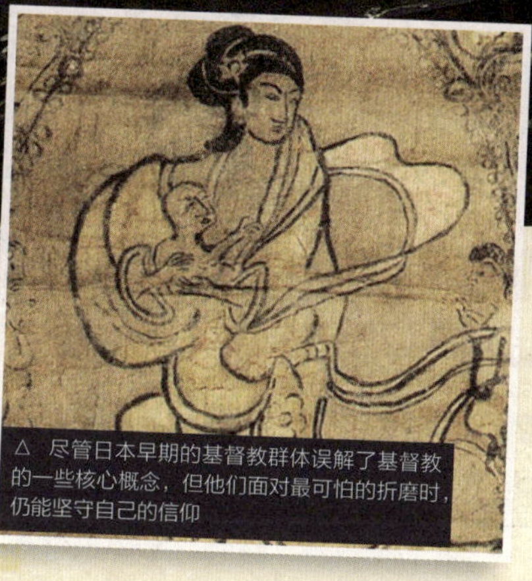

△ 尽管日本早期的基督教群体误解了基督教的一些核心概念，但他们面对最可怕的折磨时，仍能坚守自己的信仰

迫切希望能够得到更多可以抵御海盗的葡萄牙船只，因此他派外交使节和沙勿略一同前往印度拜见葡萄牙的印度总督。沙勿略支持并帮助了拥有开放心灵、思想和灵魂的日本人。大友宗麟为耶稣会建造了杉木房屋，作为回报，耶稣会则赠予他一个孤儿避难所和麻风病人医院。然而，当地人厌恶麻风病人，他们被视为一股不洁的宗教力量。同样，耶稣会用餐时让最有权力的成员为最卑微的成员服务的传统，也对日本的等级制度造成了冲击。

葡萄牙人在日本登陆，后面跟着成群的黑奴和武装随从。他们把烟草等外来商品引入了当地。日本人把这些外国人统称为“南蛮”，这个词以前被用来形容“南方的野蛮人”。

此时，日本的剑术大师们已经对葡萄牙枪支进行了改造，并开始大量生产他们自己的新型枪，绰号“种子岛”。另一方面，葡萄牙商人在日本占据了独特的地位，他们充当经济人，每年购买该国白银产量的一半。1549年，方济各·沙勿略在6名耶稣会传教

葡萄牙人的到来

尽管存在巨大的文化差异，但日本人和葡萄牙人却能够通过贸易找到共同语言

士的陪同下回到日本，他们在日本最西部受压迫的农民那里找到了一片传教的沃土。由于当地人对神明已有好感，耶稣会永恒荣耀的概念对习惯了无声的苦难生活的人们很有吸引力。传教士加斯帕·维莱拉神父甚至说服了幕府将军本人允许他和他虔诚的日本门生洛伦佐兄弟在首都一起传教，他们在一年内就令 1300 人皈依基督教。

另一个传教士说服了大名大村纯忠皈依基督教以获得“巨大精神和时间裨益”。当大村纯忠的长崎港口发展成为一个基督教社区——被称为“救助圣母的港口”后，葡萄牙船只大量涌入，令与其竞争的平户市失去了商机。长崎不仅成了日本最繁忙的对外贸

易港口，而且成了日本基督教传播的中心。正当教堂开始在首都范围外大量涌现时，幕府将军于1565年被谋杀。敌对的佛教教派说服天皇驱逐了在该国的12名传教士。尽管被迫躲藏起来，路易斯·弗罗伊斯神父还是在圣诞节让两支交战的军队以“耶稣的血亲”的身份暂时停火，共度圣诞——即使第二天早上流血事件继续上演。

虽然这个国家的大名长期陷于无休止的交战中，但一个卓越的胜利者开始浮现。织田信长是一个军事天才，他在25岁左右就以自己3000人的军队击败了入侵的2.5万人的军队。受到胜利的鼓舞，他和几个强大大名结盟，随后攻占首都，迫使死去的幕府将军

△ 在德川家康的邀请下，荷兰人终于在 1609 年来到这里，打破了葡萄牙人和他们的耶稣会传教士的垄断

的弟弟成为他的傀儡。1569 年春天的一个下午，弗罗伊神父会见了织田信长，信长对耶稣会传教士关于佛教徒的轻蔑言论非常满意。最强大佛教宗派的武僧一向一揆已经强大到夺取了他们自己的省份。对信长来说，他们是威胁自己地位的权力来源。看到基督教可以作为一个有用的工具抵消他们的影响力，织田信长授予了弗罗伊斯布教许可。

在另一次会面上，当弗罗伊斯在描述灵魂本质时，织田信长的一位佛教参谋抓住了可怜的失明皈依者洛伦佐，并威胁要把他的头砍下来，以验证弗罗伊斯的说法，结果被织田信长信任的追随者丰臣秀吉制止了。在接下来的十年里，随着织田信长势力的不断壮大，基督教在日本蓬勃发展。在 20 名教士和 30 名助手的努力下，基督教徒人数激增至 15 万人，他们在 200 所教堂进行礼拜。尽管大多数皈依者集中在日本西部，但日本中部也拥有 1.5 万名追随者。一位名叫高山右近的基督教大名成功使他领地内的三分之一民众皈依。随着这种信仰的传播，许多日本人开始使用时髦的欧洲名字，佩戴西方饰品和念珠并在交谈中随意零星地使用葡萄牙语。

1580 年，这位基督教大名在花了数十年时间为教会服务，使 6 万名臣民皈依基督教，甚至毁坏了神道教和佛教建筑后，将长崎港口和邻近的城市交给了耶稣会。此时，葡萄牙火器的引进对日本社会已经产生了巨大的影响。从传统意义上来说，作战是武士无比自豪的事情，只有最训练有素的士兵才能参战。然而，务实的织田信长意识到外行也可以很快被训练成有效的枪手。在 1575 年的长野之战中，他最终完善了火器的使用。他将 3000 名枪手排成三列，进行大规模的排枪扫射，以遏制敌人的骑兵冲锋。随着下层士兵重要性的提升，武士队伍也不断壮大。这不仅造就了规模更大的军队，还造就了巨大的城堡，比如织田信长在安土的开创性要塞。

△ 随着基督教的蓬勃发展，像小西行长“阿戈什蒂纽”行永这样的权贵们也接受了这种信仰，但他们经常会与同辈的佛教徒发生冲突

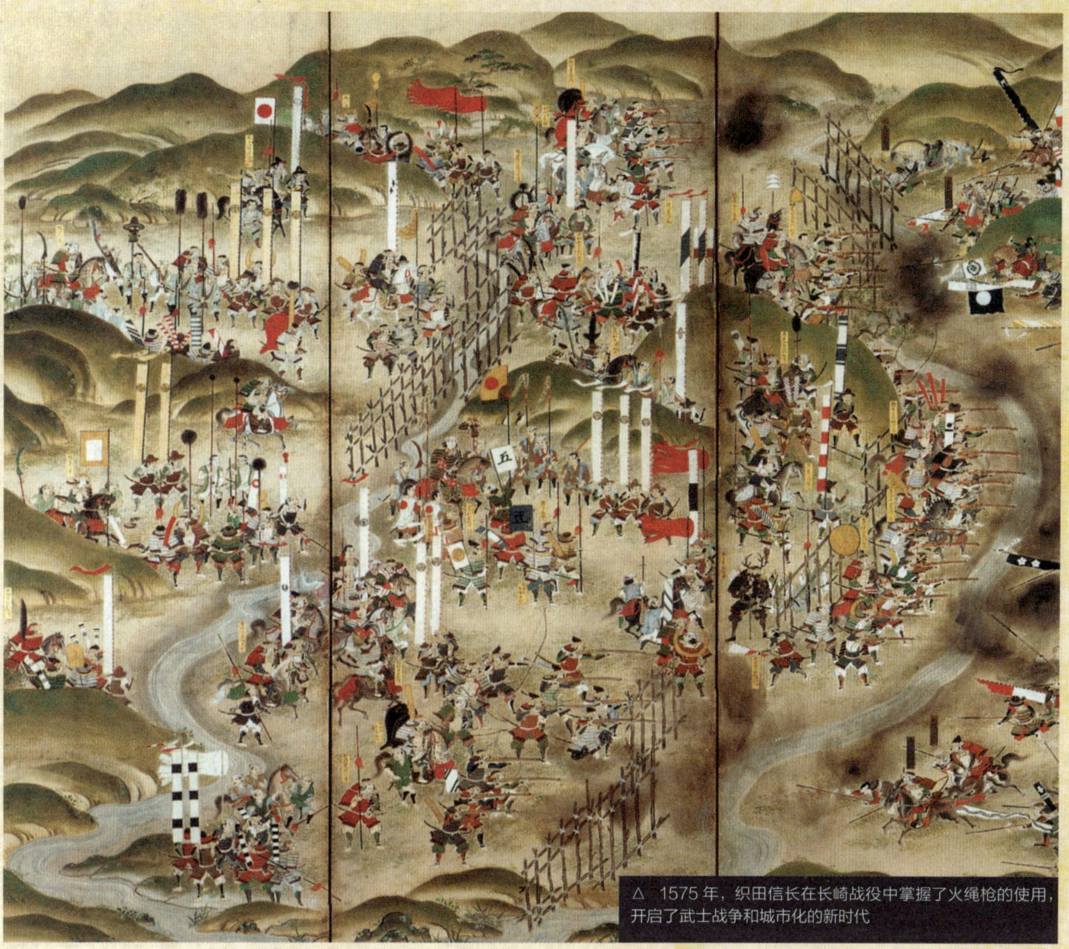

△ 1575 年，织田信长在长崎战役中掌握了火绳枪的使用，开启了武士战争和城市化的新时代

在那里，织田信长接待了来访的高大的意大利耶稣会传教士亚历山大・瓦利尼亚诺。瓦利尼亚诺鼓励他的追随者适应周围的环境。他写了一本关于日本礼仪和习俗的手册。他不仅要求耶稣会传教士穿着日本的服饰，还禁止他们饲养猪、羊和牛，他让他们吃“咸鱼或生鱼、酸橙、海蜗牛这样的苦和咸的东西”——修道士们厌恶的日本食物。他们不得不用筷子吃饭，痛苦地坐在脚跟上，而且无论菜有多“恶心”，也绝不能将其吐出。

1582 年，在征服了日本三分之一的领土后，织田信长被自己的一名将军伏击，切腹自杀。他才华出众的门生丰臣秀吉立刻为主人报仇，以惊人的速度杀死了叛徒。丰臣秀吉继续织田信长的征服事业，最终统一了整个日本。作为一个农民的儿子，他虽然没有名望，但却被一个强大的家族收养，这使他获得了一系列的头衔，比如太政大臣和太阁。他延续了织田信长对基督教的热情，允许在他位于大阪的城堡里建造一座教堂。多亏了丰臣秀吉所信任的基督教徒将军高山右近的大力帮助，教堂在 1583 年的圣诞节修建完成。

同年，日本殖民者在菲律宾吕宋岛与西班牙殖民者发生了短暂的冲突，原因是他们

锁国之路

虽然日本与欧洲的关系以惊人的速度发展，但这种关系并没有维持多久。

1543年，一艘中国舢板船被冲上种子岛，船上有三名葡萄牙商人，他们的枪给当地领主留下了深刻印象。

1549年，耶稣会创始人方济各·沙勿略神父抵达日本，发起了基督教传教活动。

1559年，方济各返回日本，带回6名耶稣会传教士，其中一个传教士，加斯帕·维莱拉，不仅面见了幕府将军，还在一年内令1300人皈依基督教。

1563年，为了进行贸易和确保安全，横濑浦的领主大村纯忠，同意受洗成为巴尔托洛梅乌传教士。

1569年，耶稣会弗罗伊斯神父在京都会见该国最强大的领主织田信长，接受传教许可。

1575年，织田信长在长野战役中掌握了步枪的使用，这是改变日本军队结构和规模的转折点。

1580年，日本的基督教人口已有15万，巴尔托洛梅乌传教士把长崎和茂木永久地交给了耶稣会管理。

认为西班牙殖民者企图煽动当地部落叛乱。第二年，一艘从马尼拉出发的西班牙船只被迫在日本平户港寻求庇护，以躲避极端天气。在被长崎夺取了它的所有商机后，平户的领主承诺将他的港口供西班牙人使用，他甚至愿意接待非耶稣会的传教士。虽然西班牙人不顾一切地想要在这个国家获得一席之地，但 1585 年教皇授予耶稣会在日本传教专有权的法令进一步巩固了葡萄牙在日本的垄断地位。

1586 年 5 月，丰臣秀吉在他宏伟的大阪城堡里接待了耶稣会副教区长加斯珀·科埃略。在他的贵族们离开后，丰臣秀吉和他的老熟人弗罗伊斯神父畅所欲言。这时弗里斯神父已经可以用日语自如地交谈了。在这次谈话中，丰臣秀吉向科埃略夸口说，有一天他会征服中国，把它变成一个基督教国家，这段话暗示了丰臣秀吉日益膨胀的狂妄野心。他计划先率领 2000 艘船入侵朝鲜，并表示希望购买两艘装备精良的葡萄牙船只。科埃略则夸口说，他可以召集在印度的葡萄牙军舰，并从日本的基督教贵族那里获得支持。

尽管这次会议为耶稣会成员争取到了更多的豁免权，但是无论是想给他留下好印象，还是想恐吓他，科埃略都无意中在丰臣秀吉的头脑中播下了一颗危险的种子。为了巩固自己的权势，丰田秀吉正在进行国家改革——从所有非武士手中夺取武器，改革国家的税收制度，将社会严格划分为武士、工匠、商人和农民阶层，每个阶层都有自己特有的权利。统一全国后，控制国家对丰臣秀吉来说比他的前任更为重要。所有的一切，包括寺庙，都在他的控制之下。但是，这个国家当时的 20 万基督教徒可能会受到另一个外国势力控制，或者存在于另一个等级制度中，这种想法对他辛辛苦苦建立的整个治理体系构成了威胁。

1587 年，丰臣秀吉在与科埃略在船上进行了又一次看似友好的会面后，突然向这位副教区长发出了一则严厉的驱逐令；在不到三个星期的时间里，他和他的耶稣会传教士就得离开。丰臣秀吉提出了一长串指控，其中包括指控传教士——并非毫无根据——鼓励领主强迫臣民皈依，将日本人卖为奴隶，破坏佛教和神道教的肖像和神社。对科埃略来说，幸运的是，丰臣秀吉忙于镇压对新法存在异议的反叛分子，没有执行这项法令，他甚至允许老神父奥尔冈蒂诺留在首都。

1582年，在征服了日本三分之一的领土后，织田信长被出卖，战败自杀，权力落在了忠诚的将军丰臣秀吉手中。

1583年，丰臣秀吉允许在他的大阪城堡中建造一座教堂，工程得到基督教将军高山右近的大力帮助。

1585年，教皇颁布法令，授予耶稣会传教士在日本传播基督教的专有权。

1586年，丰臣秀吉向科埃略夸口说，有一天他会征服中国，把它变成一个基督教国家，科埃略则吹嘘他对日本基督教贵族的影响力。

1587年，丰臣秀吉提出了一系列对耶稣会传教士的指控，并命令他们在20天内离开，但最终这一命令没有被执行。

1597年，7名方济会传教士和19名日本皈依者一起被钉死在十字架上——26名日本的殉道者。

1622年，长崎大殉难中，30名基督教徒被斩首，25人被活活烧死。

1639年岛原叛乱后，政府颁布了最终的驱逐令，该命令禁止所有日本人离开，禁止所有葡萄牙船只进入，违背者将被处死。

3年后，尽管丰臣秀吉从耶稣会信徒手中夺取了长崎，使之成为自己的直接封地，但长崎的贸易并未中断。日本的基督教徒被允许继续奉行他们的信仰。在打败了日本最后的敌人后，丰臣秀吉将日本的好战和侵略转移到了别处。1591年，他给葡萄牙的印度总督写了一封信，信中他对自己平定“神之国”表示沾沾自喜。他声称，多国纷纷臣服于他的脚下，期待他征服中国，甚至印度。与此同时，西班牙的菲律宾总督也收到了一封信，信中丰臣秀吉不仅吹嘘将很快征服中国和朝鲜，还建议菲律宾向他进贡以示臣服。

“在1622年的大殉难中，许多基督徒被处死，30人被斩首，25人被活活烧死”

西班牙无视丰臣秀吉禁止基督教传教士的禁令，以外交使节的名义派遣了由神父佩德罗·巴普蒂斯塔率领的四名方济各会牧师来到日本。总督回复说，将丰臣秀吉的要求传达给国王需要时间，同时他建议开放与日本的贸易关系。葡萄牙传教士被限制在长崎，150名耶稣会传教士中只有10人获准布道，他们对方济各会对禁令的藐视感到愤怒，双方开始互相诽谤。

1596年，丰臣秀吉退出了出师不利的朝鲜战场。他心怀沮丧，并变得昏庸多疑，出于对王位继承权的担心，他逼迫他的侄子也是前任继承人自杀，并残忍地杀害了他的全家。在这一背景下，一艘名为“圣费利佩号”的西班牙大帆船在日本海岸遭遇海难，当地的领主将它拆卸，并与丰臣秀吉分享了船上的货物。根据耶稣会传教士的说法，愤怒的船长冲进大阪，咆哮着说他的国王很快就要殖民日本，而基督教徒们会站出来支持他。1597年1月，丰臣秀吉的耐心被耗尽了。神父佩德罗·巴普蒂斯塔、另外五名方济各会传教士和19名日本皈依者被逮捕、肢解，从京都游行到长崎市，最后被倒钉在十字架上。日本的钉刑极度残忍，施刑者用尽可能多的长矛刺穿受害者，但不伤到他们的重要器官，受刑者最终失血而死。尽管被命令离开，周围的教堂也都被拆毁，最终只有25名耶稣会传教士离开，剩下的100人隐藏到了日本的基督教徒中间。

丰臣秀吉死后，德川家康发动了短暂的内战，在获胜后，他宣布成为幕府将军。他的首要任务之一是打破葡萄牙对日本贸易网络的控制。为了向世界其他国家学习，他向西班牙人开放了他的东部港口，并要求他们派送商人和船工。当看到西班牙只是派遣了更多的方济各会传教士时，德川家康转而求助于荷兰的东印度公司，该公司随后直接受命摧毁葡萄牙人的领地。1609 年，两艘荷兰船只在平户登陆，随后是一名英国东印度公司的代理人。

天主教在日本时而遭受冷遇时而被狂热追捧，日本的态度随着统治者的更替和他们对新宗教秩序看法的不同而改变

1611 年，德川家康再次禁止基督教布教。两年后，一名西班牙传教士修建了一座小教堂，并举行了公众弥撒，27 名日本皈依者因此被处决。1614 年，德川政权终于无法再容忍基督教贵族煽动叛乱的风险，驱逐了传教士。尽管农民大部分被放任自流，但他们的教堂被摧毁，拒绝变节的领主，比如高山右近，被剥夺了土地——在后丰臣秀吉时代里变成了没有阶级的无名之辈。之前日本有 150 多名传教士，截至 1614 年，只剩下 47 名。

尽管因为渴望对外贸易，德川家康减缓了对基督教的控制，但他死后，他的继任者们令事态恶化。他们禁止农民信奉基督教，并将所有非中国的外国船只限制在平户和长崎。在 1622 年的大殉难中，数十名基督教徒被处决，30 人被斩首，25 人被活活烧死，其中包括 9 名外国神父。尽管英国商人理查德·考克斯认为这些传教士无足轻重，但他声称在

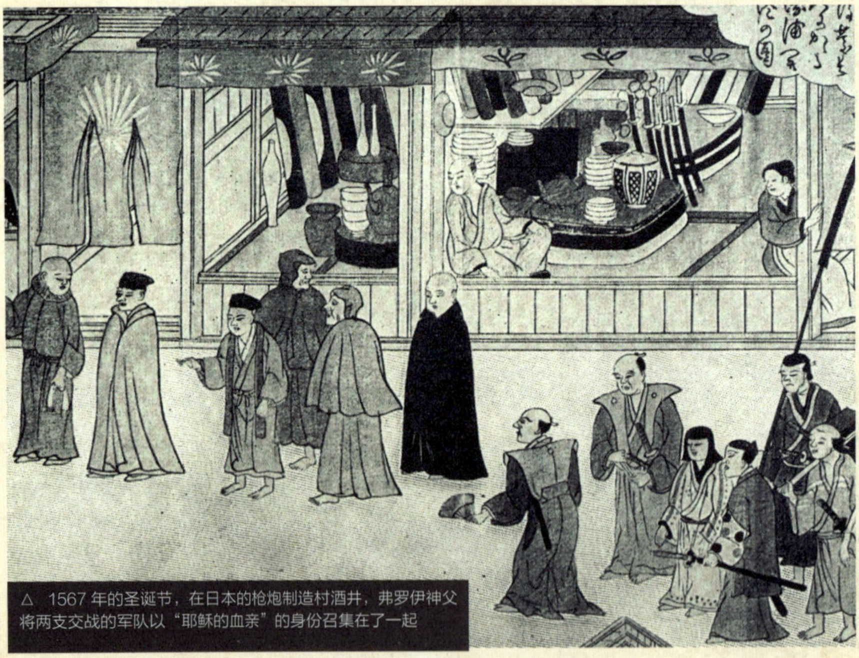

△ 1567 年的圣诞节，在日本的枪炮制造村酒井，弗罗伊神父将两支交战的军队以“耶稣的血亲”的身份召集在了一起

宫古岛目睹了55名殉道者被杀害："其中有五六岁的小孩，在他们母亲的怀里被活活烧死，母亲们高呼‘耶稣，接受他们的灵魂吧’。"

△ 1549年，葡萄牙神父方济各·沙勿略开始了在日本的基督教传教活动，他赢得了多位南方领主的支持

1625年，所有西班牙人都被命令撤离，局势再度升温。尽管一些胆大的传教士继续偷渡进入日本，但反基督教情绪蔓延到村庄后，皈依者要么被清除要么受到残酷对待，传教士的这种行为是徒劳的。虽然有些人背弃了信仰，但仍有许多人坚守信仰，忍受着无法言说的折磨，付出了沉重的代价。截至1625年，在这个曾经有30万基督教信徒的地方，只剩下了10万教徒。他们被迫隐入民间，消失得无影无踪。尽管如此，日本贸易持续繁荣，商人们出口银、铜、铁、硫、大米、谷物、漆器、扇子和工艺品，进口生丝、织物、棉花、兽皮、染料、糖、铅和锡。日本在东南亚的定居点如雨后春笋般涌现，他们的船只成为臭名昭著的海盗船，令整个东南亚地区陷入恐惧——吕宋岛甚至要求日本将获准的访问限制在每年4次。

然而，事态继续升级。1633年，政府发布了第一个臭名昭著的驱逐令——禁止无证船只离开，并在所有日本侨民返回时判处死刑。1639年，两万名岛原农民在基督教领袖的领导下发起叛乱，杀死了一万名政府军士兵。德川家康在镇压了岛原民粹主义叛乱之后，感觉受够了基督教叛乱的威胁。他将葡萄牙人驱逐出境，将荷兰人限制在长崎的出岛港。根据最后的法令，任何进入日本的葡萄牙船只将被摧毁，其船员将被处决。果然，第二年夏天当一艘葡萄牙船只抵达长崎，试图重新开启贸易时，这艘船立即被烧毁，57名船员因拒绝背弃基督教被斩首。日本人只保留了13个人的性命，以便他们把这个消息带回澳门：葡萄牙和日本一刀两断，基督教的使命结束了，新日本的黎明即将降临：锁国时代——与世隔绝的时代。

叶尔马克·季莫费耶维奇

征服西伯利亚

Conquering Siberia

叶尔马克·季莫费耶维奇是一位探险家、冒险家和征服者，他是俄罗斯的民族英雄。如果历史可信的话，他几乎可以被称作圣人

△ 在瓦西里·苏里科夫的画作《征服西伯利亚》中，叶尔马克和哥萨克人战胜了鞑靼人

斯特罗加诺夫家族需要帮助。他们是俄国最富有、最有权势的家族，但他们仍然着眼于未来，以期增加自己的威望和金库收入。从16世纪中期开始，斯特罗加诺夫家族的野心就超越了国界，他们把目光转向了东方。

东方有未知的、尚未开发的西伯利亚广大地区。沙皇伊凡四世——更为人熟知的名字是伊凡雷帝——允许这个家族扩张到乌拉尔山脉以东他管辖范围以外的地区。那里是西伯利亚汗国的领土，鞑靼人的居住地，由一个名叫库丘姆的可汗统治。多年来，斯特罗加诺夫家族一直在应对库丘姆手下的突袭，因此，入侵西伯利亚以开发其丰富的自然资源是一项艰巨的军事冒险。他们需要帮助，而他们找到了一个注定要载入史册的神秘人物：叶尔马克·季莫费耶维奇。

他是一群哥萨克人的领袖，或者叫阿塔曼。他像所有哥萨克人一样勇敢无畏、热衷冒险、冷酷无情。叶尔马克的人生活在俄罗斯遥远的西南地区，他们最初是逃离农奴制的农民，后来形成了自己的半独立群体，在这里，力量和使用武器的技能至关重要。哥

一个征服者的死亡，一个传奇的诞生

斯特罗加诺夫编年史记载了库丘姆伏击叶尔马克的那晚："那天晚上下着大雨。异教徒们，就像一条喷射着怒火的毒蛇正准备用他们的剑向叶尔马克和他的部队复仇。"

哥萨克人在两条支流环绕的一个岛上扎营，他们相信这里是安全的，因此没有安排卫兵。然而，鞑靼人正等待着他们全部入睡，然后涉水发动突袭。"他们迅速拔出武器，扑向营地，将他们斩杀……最聪明、最勇敢、最有说服力的叶尔马克被杀害了。"

根据传说，叶尔马克浴血奋战，逃离战场来到水中，准备涉水上船。然而，他的脚一滑，溺水而亡——他被身上穿着的漂亮但极重的锁子甲拖了下去，那是沙皇送给他的征服西伯利亚的奖赏。

他的尸体被冲到河的下游，几天后被一个渔夫发现。得知这是他们敌人的尸体后，这个部落把叶尔马克挂起来肢解，但尸体完全没有腐烂。鞑靼人将此视为叶尔马克神圣伟大的象征，为这个倒下的敌人举行了体面的葬礼。

事实上，没有人知道叶尔马克死亡的细节，如果他曾经被埋葬的话，也不知道他最后安息的地点。但是这个传说在编年史和民歌中流传了下来。

△ 19世纪的一幅画作，展现了叶尔马克英勇的最后一战

萨克人逐渐发展为一支强大的军队。斯特罗加诺夫家族利用他们足以协助保护俄国的边境地区，但却很难控制他们的抢劫、掠夺和海盗行为。

这就是青年叶尔马克的境况——至少人们是这样认为的。有记录称他在向东扩张的战争中为沙皇作战，但事实是他的出生地、早年生活、军事经历甚至他的真实姓名仍然是争论的话题。就连他的外貌也是个谜，只有一个对他的描述能提供线索："平脸，黑胡子，卷发，中等身材，体格健壮，肩膀宽阔。"但这句话也只是出自他死后很久，由一个从未见过他的人写的编年史。在缺乏证据的情况下，对叶尔马克的描述更多的是基于民间传说而不是事实。

叶尔马克的传奇故事始于1579年斯特罗加诺夫家族向西伯利亚的扩张。这个商人家族编写了扩张行动的编年史。在记录中，他们把接近叶尔马克和他的哥萨克军队并请求他们的帮助归功于自己，但事实也有可能是叶尔马克按照自己的意愿出征东方。无论如何，进军西伯利亚都是向未知迈出的一步。它让当时俄国的国土面积相形见绌——今天，它差不多占到了俄罗斯国土面积的四分之三。

第一次向东推进是在1552年，伊凡，俄国第一个沙皇，粉碎了喀山汗国，这使得斯特罗加诺夫家族在后来的西伯利亚远征中占据了先机。强大的蒙古帝国缔造者成吉思汗的后代、统治了西伯利亚伊斯兰汗国近20年的库丘姆阻挡了他们的脚步。

叶尔马克和他的哥萨克军队受雇以沙皇的名义和为斯特罗加诺夫家族的利益来对付库丘姆。据称，尼基塔·斯特罗加诺夫和马

△ 沙皇伊凡四世又称“伊凡雷帝”，统治着出征西伯利亚初期的俄国

克西姆·斯特罗加诺夫花了2万卢布为他们装备武器和物资，并派出了300人与他们同行。1579年至1582年期间，叶尔马克总共派出840名士兵——与等待他们的数千名战士相比，这只是支小队伍。

哥萨克人乘船沿着不知名的河流蜿蜒而下，直到进入库丘姆的领地，他们的旅程充满了危险。他们面临着来自海岸的频繁突袭——船身高的一面帮助他们抵御箭的攻击——有时，如果找不到从一条河进入另一条河的航线，他们就得上岸，拖着他们带的所有东西寻找出路。这需要几个月的时间，但叶尔马克最终到达了西伯利亚汗国的中心，也就是首都喀什里克。

鉴于旅途的艰辛，战斗惊人地迅速和果断。喀什里克之战发生在1582年的10月或11月，虽然叶尔马克的军队规模小得多，在敌人的土地上处于劣势，但是库丘姆却没有任何机会获胜。原因是哥萨克人的武器优势——他们有步枪和军刀，而鞑靼人只有弓箭和长矛——还有他们的阿塔曼作战经验丰富。喀什里克防御工事年久失修，由库丘姆的侄子穆罕默德·库尔率领的军队不是在城墙后作战，而是在额尔齐斯河岸边作战。这种方式更适合身经百战的哥萨克人。

在楚瓦什角战役中，叶尔马克和他的战士们用步枪击退了鞑靼人一波又一波的进攻，直到穆罕默德·库尔受伤，他的军队失去信心撤退。叶尔马克随即占领了被遗弃的喀什里克，这一时刻标志着俄国征服了西伯利亚。胜利在斯特罗加诺夫编年史里被大肆渲染，编年史还谎称库丘姆在目睹失败降临后逃跑时喊道：“斯特罗加诺夫家族派遣平民反抗我，从他们的堡垒对我发动攻击，以对我带来的邪恶进行复仇。”

“叶尔马克袭击了我们，打败了我们，

△ 叶尔马克的外貌至今还是个谜，每一幅肖像都是一种猜测

△ 叶尔马克在前方率领他的勇士，但西伯利亚很可能没有马

给我们造成了巨大的伤害……因为我夺取了不属于我的东西，向俄国的土地发动了战争。但是现在我被剥夺了我所拥有的一切，我尝到了战败的恶果。因为世上没有不变为忧伤的喜乐。”战败后，库丘姆前往西伯利亚大草原，希望重组部队，但这次失败对他来说是巨大的耻辱。

哥萨克人原本是一群擅长抢劫和突袭的战士，现在却成了征服者。叶尔马克立即把消息发回莫斯科，通知沙皇。起初伊凡对哥萨克入侵西伯利亚非常不满，因为当时俄国刚刚结束了漫长而痛苦的立沃尼亚战争，他担心叶尔马克会在东部引发另一场冲突。他甚至命令哥萨克人返回俄国。但是，当喀什里克被占领的消息传来，一袋又一袋的毛皮被带回作为礼物送给伊凡时，他的心情立刻变得愉悦了。他赦免了哥萨克人在俄国犯下的罪行，并送给叶尔马克上等布料和现金作为奖励。据传说，他还送给这位伟大的征服者一套精美的锁子甲。

此时，叶尔马克在皇帝的赏识下，已经成为一个富翁，但西伯利亚的局势还没有稳定下来。在接下来的一年里，更多的部落和城镇被叶尔马克攻占，俄国对汗国的影响似乎正在生根。然而，随着时间的推移，叶尔马克的给养越来越少，鞑靼人的抵抗也开始发酵。到冬天来临的时候，情况变得非常糟糕。伊凡派出增援部队的时候，哥萨克部队的人数已经开始减少，而且食物变得非常稀缺，根据一部编年史的记载，他们已经到了不得不靠吃死人的尸体求生的地步。

库丘姆重新集结部队，攻势越来越大胆。

最后他终于准备好向那个占领他首都的人复仇。他的战士们一直在跟踪叶尔马克和他剩下的一小群哥萨克人，趁他们睡着时伏击了他们。库丘姆的人偷偷溜进河边的营地，趁敌人不备，就猛扑了过去。在试图登上一艘船逃跑时，叶尔马克不幸丧命。

突然之间，哥萨克人对征服西伯利亚产生了怀疑。没有了阿塔曼的带领和保护，幸存下来的哥萨克人坚守阵地的意志荡然无存，他们回到了俄国，让鞑靼人重新夺回了喀什里克城。但是叶尔马克的传奇不能轻易被遗忘，一位大主教试图将他封为圣徒，以表彰他入侵伊斯兰领土的行动，他已经成了大英雄。或许更重要的是，叶尔马克把西伯利亚从一个遥不可及的世界变成了一片可以征服的土地。

接下来发生了什么？

叶尔马克死后，心灰意冷的哥萨克人离开了西伯利亚，但是他们在途中遇到沙皇派来的增援部队后，又返回了西伯利亚。他们发现鞑靼人已经重新占领了喀什里克城，所以决定不再武力夺取它，而是在附近建立了一个定居点。从那时起，俄国在西伯利亚有了一个基地，商人和大量的哥萨克人可以从那里开始向东迁移。发起叶尔马克远征的斯特罗加诺夫家族为俄国的扩张提供了资金，他们修建了城镇和堡垒，并建立了贸易路线，以换取 20 年的免税政策。这个被他们称为托博尔斯克的定居点成了蓬勃发展且利润丰厚的毛皮贸易中心。俄国人最终在 1598 年打败了库丘姆，结束了西伯利亚汗国的统治，并继续向东挺进。17 世纪中期，他们到达了太平洋沿岸。

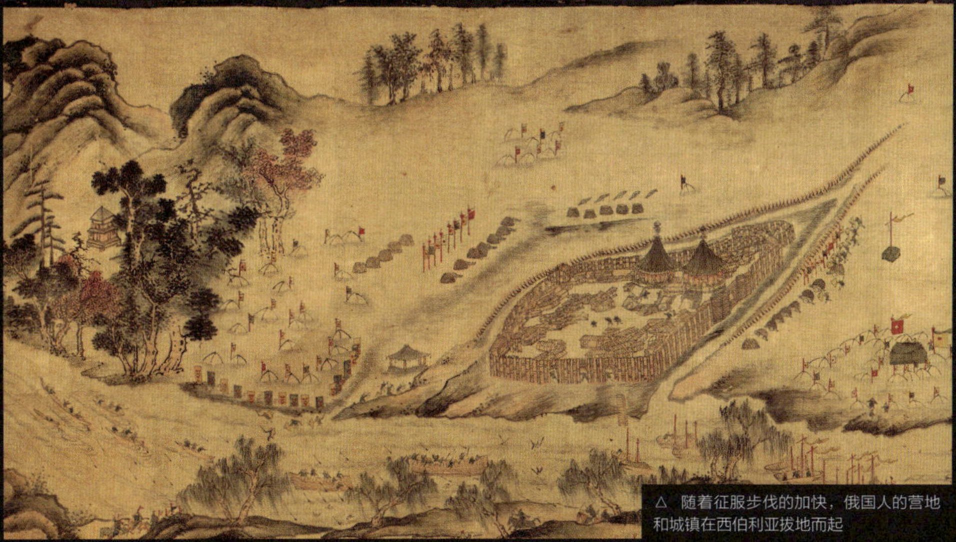

△ 随着征服步伐的加快，俄国人的营地和城镇在西伯利亚拔地而起

非洲
AFRICA

尽管北非一直出现在欧洲地图上，但非洲内陆却是一个未知的世界。欧洲人发现它延伸到海洋深处——他们在探索非洲的同时掠夺非洲

主要赞助人

航海家亨利

Henry the Navigator

长期以来，葡萄牙王子航海家亨利资助的探险一直被认为是欧洲全球扩张时代的基石

1415 年 8 月，刚刚脱离强大邻国卡斯蒂利亚统治的贫穷小国葡萄牙震惊了欧洲的超级大国。一支葡萄牙船队越过直布罗陀海峡，洗劫了摩洛哥海岸的港口休达。这座新兴的城市是北非伊斯兰教之都，也是通往更遥远的异域的门户。然而，在被占领仅仅三天之后，这座城市就被血洗，大量的黄金被葡萄牙人掠夺，入侵者陶醉于征服穆斯林所带来的物质和精神回报。这个小国穷得连自己的货币都造不出来，但却向世界发出了信号：葡萄牙正在崛起。

若昂一世，也是臭名昭著的“私生子”约翰，让他的三个儿子参与了城市的包围和洗劫。正是在这里与他的同胞们浴血奋战对抗异教徒时，亨利王子第一次将目光投注到一笔巨额财富上，如果葡萄牙能深入探索“黑暗大陆”，他们就有可

> 亨利在召集专家和学者进一步推动葡萄牙扩张时，摒弃了种族、宗教和信仰的不同

航海家亨利
1394—1460 年
这位葡萄牙王子因资助大西洋群岛和非洲西海岸的探索航行而闻名。英国作家们给他起的绰号“航海家”实际上是用词不当；虽然他确实对制图有浓厚的兴趣，但他实际上并没有参与他策划的任何一次远距离探险航行。

能获得这笔巨额财富。如果说国王若昂洗劫休达是葡萄牙扩张的基石，那么他儿子亨利的远征便是建立帝国的支柱。

亨利于1394年出生，是国王若昂和英国女贵族兰开斯特的菲利帕的儿子，菲利帕是金雀花王朝重要人物冈特的约翰的女儿。尽管当代的传记作家对亨利的年轻时代记录较少，但可以确定的是，他的母亲曾教导他要崇敬金雀花王朝先辈们所取得的英勇成就，他们为提高英国在欧洲的声望做出了巨大贡献。她的三个儿子都信奉盎格鲁—诺曼的座右铭，亨利选择的座右铭“Talant de bien fere”（意为“做有价值的事情的渴望”）显示了他对骑士法典的兴趣。

△ 亨利的母亲，兰开斯特的菲利帕，与若昂一世成婚结成了英葡联盟

1416年2月，若昂国王任命亨利负责休达的防卫和治理，这对亨利来说意义重大，因为他在这个大多数欧洲王子从未直接接触过的世界拥有了既得利益。当摩洛哥和格拉纳达的穆斯林联军联合起来试图夺回这座城市时，亨利带着一支全副武装的救援部队起航支援，尽管葡萄牙驻军在他到达时已经将围攻者打散，但这次行动激发了亨利的战斗热情。

他渴望拿下格拉纳达，历史记载显示，他把从国王那里得到的用于维护休达城市备战等行政事务上的资金，都用在了他自认为合适的地方。亨利还将反对异教徒的行动视为他的职责之一，他资助海盗对抗摩尔人的船只，还派遣他的船队沿非洲海岸南下。

1420年，亨利的父亲得到教皇的许可，将葡萄牙东征的军事命令置于自己的掌控之下，亨利因此受到了进一步鼓舞。葡萄牙与伊斯兰国家并不接壤，东征带来的财富将是王室的一大福音。在这之后，一个特别的团体——基督精英会被归属于亨利的直接行政

△ 航海家纪念碑是为了纪念亨利去世500周年而建造的

控制下。这个团体是葡萄牙圣殿骑士团的继承人，担任这样一个显赫骑士团的行政长官，正好符合亨利对自己游侠骑士的定位。这还为他提供了一笔可观的额外资金，用来实现自己的野心。

事实上，在得到骑士团的控制权后不久，亨利就震惊了王室成员。他宣布，他研究了大西洋海图，想要探索北非海岸的加那利群岛和马德拉群岛。没人知道亨利为什么对探险感兴趣——到这时，他的最大热情仍是对伊斯兰国家的进一步入侵——但看起来这更可能是出于对财富和个人声望的渴望，而不是对科学的探索。

根据几内亚《圣徒纪事》的记载，亨利王子的星象知识是他对海洋探险产生兴趣的主要原因

加那利群岛已经落入欧洲利益集团的控制范围，当地居民和基督教殖民者都生活在卡斯蒂利亚的保护之下，尽管如此，亨利还是在1424年向那里派遣了一支大规模的军事入侵部队。他声称希望异教徒居民皈依基督教，但这一说辞似乎有些牵强附会。而他在几年后到几内亚执行奴隶贸易任务时所做的类似宣言表明他有更险恶的动机。欧洲人已经不是第一次在加那利群岛执行奴隶贸易

△ 亨利王子在巴塔利亚修道院的墓

现。据估计第一批葡萄牙殖民者大约在1425年就到达过马德拉群岛，并在岛上发现了优良的土壤。早期殖民主义的特点是取得农耕上的成功。

亨利对大西洋岛屿的兴趣一直没有改变，1439年，他成功说服国王派人到亚速尔群岛定居。这是一个由7个岛屿组成的群岛，早在1425年，亨利带领的远征队就到达过这里。像马德拉群岛一样，这个殖民地的发展也日渐繁荣。

虽然在大西洋岛屿上的成功令亨利得

任务了。

事实证明，远征失败了，原始武装的居民击退了葡萄牙人，这令亨利非常尴尬。但是这次失败并没有打消王子在加那利群岛立足的希望，在接下来的30年里，他为夺取这个岛屿发动了多次战争，但都以失败告终。

另一方面，亨利在马德拉群岛的行动更为成功，这主要是因为那里没有人居住。据亨利热心的年代史编者祖拉拉说，是他的侍从萨尔科和特谢拉发现了马德拉群岛和邻近的圣港岛，但是这充其量只是再次发

“亨利的手下试图捕获部落土著人的行径屡见不鲜”

到一丝慰藉，但他最大的野心在遥远的南方，他希望“航行能够穿越日落和所有西方星星照亮的地方”。在1425年到1434年间，他向非洲西海岸派遣人员执行了多次航海任务，目的是突破欧洲人的知识极限，开辟新的领域，这使他们最终到达了博哈多尔角。在丹吉尔西南约1600公里，加那利群岛以南160公里的地方，博哈多尔角伸入大西洋。谣言和传说赋予了它神秘色彩。

这里的海岸有高耸的悬崖，有水流碰撞形成的巨大漩涡，水面下还有银色的鱼在闪

闪发光。海浪拍打着沿岸的礁石，内陆沙漠看起来就像地下世界一样贫瘠。对许多水手来说，博哈多尔角是一条不归路。然而，亨利却对此无动于衷。他坚信博哈多尔角是可以超越的，因此他派出了不少于15支远征队，但他们都没能越过博哈多尔角。

亨利的家族中有一位坚定的侍从，名叫伊内斯，他证明了王子是正确的。亨利为他的侍从制定了另一条航线。伊内斯一看到博哈多尔的浅滩、浪花和闪闪发光的沙丁鱼，就要转向西方，继续驶向大海。只有当他越过了看似不可逾越的博哈多尔角，他才能再转向东方，向陆地靠近。伊内斯按计划执行，安全登陆，从撒哈拉海岸收集了一些水生植物，然后按航线返回。他一回到葡萄牙就被视为英雄，受到了热烈欢迎。

亨利的成功预测为他赢得了高度赞扬，他作为制图师和宇宙学家的声誉也得到确立，至少在葡萄牙是这样。现代的学者们认为，亨利之所以对绕过博哈多尔角充满信心，是因为他读了《已知世界之书》。这是一本作者未知的、完全虚构的书，它描述了一个卡斯蒂利亚人在一张现已遗失的世界地图的指引下冒险的故事。和同时代的许多人一样，亨利很可能极为信奉书中的内容，而书中不止一次提到了作者穿越岩石沙漠海角的旅行。

亨利现在可以派遣更多的远征队到博哈多尔角以外的地方。他希望能在那里集结军队，向内陆进军，向异教徒部落传达上帝的旨意。他甚至希望找到传说中的祭司王约翰，印度群岛（在亨利时代指的是东北非洲的土地）的基督教皇帝，并建立联盟来对抗他们的敌人撒拉森人。亨利一生都在梦想着找到这位神话中的统治者，毫无疑问，这一探索贯穿了他的一生。

亨利的母亲，兰开斯特的菲利帕，与若昂一世成婚结成了英葡联盟

然而，由于在丹吉尔的挫败，以及他的哥哥杜阿尔特国王去世后需要他参与摄政的复杂局势，这些愿望都被暂时搁置了。直到1441年，亨利才得以继续西非海岸沿线的探险。一些船长被派往里奥德奥罗附近继续探险，这是探险队在绕过博哈多尔角之后到达的最远的地方。在这里，他们可能收集了一些生活在这一地区的海洋生物的皮肤和油脂。另一些船长奉命继续向南航行，他们很快就找到了布兰科角（毛里塔尼亚），并探索了它所包围的大海湾。

得到教皇和皇家许可后，亨利继续推行他的想法。他的年代史编者满怀激情地记录了葡萄牙武装部队在15世纪40年代登陆的情景。但现代观念认为全副武装和训练有素的欧洲军队对抗缺乏装备的渔民和游牧民的战争并没有体现任何骑士精神。当亨利想要了解海岸和沙漠的情况时，他的手下会捕获当地部落居民进行审讯，这种行径屡见不鲜。

然而，1444年，在葡萄牙向该地区派遣了一个特殊的邪恶任务后，这些岛屿的征服任务转向黑暗。亨利的亲信兰卡罗特·达·伊尔哈组织了六艘船只，奉命在布兰科角以南的阿尔金银行岛夺取奴隶。为此行出资的是

兰卡罗特而不是亨利，但他需要亨利的批准，因此，王子成为同谋。1444年8月，年代史编者祖拉拉参加了这些奴隶的拍卖，记录了当时的盛况，也记录了奴隶们的苦难。

亨利与奴隶贸易的关系一直困扰着他的传记作家。一些辩护者，例如祖拉拉，指出亨利希望这些人皈依基督教，而另一些人则认为是非洲战俘的身份促成了奴隶贸易的合理性。威尼斯人和热那亚人都实行奴隶制，而摩尔人则经常把他们的囚犯卖作奴隶。亨利选择为自己的行为辩护，因为其经济利益显而易见，并推动了进一步的探险。

其中一次探险是1445年若昂·费尔南德斯完成的一项与奴隶贸易完全不相干的任务。费尔南德斯在里奥德奥罗花了一整个冬天的时间探索内陆。经过多次冒险之后，他返回葡萄牙，并带回了南部土地肥沃、人口和金矿丰富的消息。此前一年，迪尼斯·迪亚斯到达了佛得角；此后一年的1446年，努诺·特里斯托奥到达了冈比亚河的河口。

亨利的哥哥佩德罗在欧洲旅行时，为他买了一本《马可·波罗游记》的译本

在接下来的十年里，像阿尔维斯·卡达莫斯托（一位受雇于亨利的意大利探险家）和迪奥戈·戈梅斯这样的探险家沿着非洲海岸向南进行了进一步的探索。在佛得角以南，他们穿过了撒哈拉以南的几内亚海岸。亨利相信，或者肯定希望，他的船很快就能绕过非洲大陆的南端，驶向他在《马可·波罗游记》中读到的盛产丝绸的香料之乡。

事实证明，尽管亨利对非洲航行的兴趣并没有完全减弱，但在他生命的最后几年，他的主要精力放在了实现“十字军东征”的野心上，他再次对在摩洛哥的异教徒发动了战争。直到1460年亨利去世，葡萄牙对非洲海岸的兴趣才开始减弱，但在15世纪80年代若昂王子登基后，这一兴趣又迅速升温。在他的主导与支持下，探险家们进一步向南进发，迪奥戈·康在1482年发现了刚果河。六年后，巴尔托洛梅乌·迪亚斯终于到达了非洲大陆的南端，好望角。

1437年，丹吉尔远征失败后，亨利的哥哥斐迪南被留下做人质。他的死一直困扰着亨利

征服者的卡拉维尔船队

经常在亨利的资助下航行的意大利探险家卡达莫斯托写道："葡萄牙的卡拉维尔帆船是在海上航行的最好的船只，他们可以航行到任何地方。"当然，事实证明，他们在葡萄牙的海外扩张中发挥了重要作用。

探索西非海岸的最大障碍之一是阻碍返程的西北风。不过，卡拉维尔帆船可以解决这个问题，因为它使用三角形帆斜挂在一根长桁上。这使得卡拉维尔帆船能够更接近逆风航行，并且在微风中航行的能力比传统的方帆船更强。

卡拉维尔帆船的船体很光滑，不像传统的船只由重叠的原木组成，因此比传统船只要薄得多。由于吃水浅，它非常适合穿越声名狼藉的阿古因浅滩，以及向非洲水系上游推进。它的速度也有助于躲避凶恶的海盗。亨利的大部分卡拉维尔帆船的载重量都在 40 到 50 吨之间，而且很多都配备了大炮。在民间传说和迷信中，葡萄牙卡拉维尔帆船的船头两边都画着一只眼睛。据说，许多非洲土著人认为这些眼睛能确保船只在未知和未标明的水域中安全航行。

△ 一艘发现时代标准的葡萄牙卡拉维尔帆船模型

来自非洲海岸的战利品

非洲大陆是欧洲商人和欧洲公民梦寐以求的许多珍宝的源头

1. 奴隶

葡萄牙人的奴隶贸易已经足够成熟，因此亨利于 1448 年下令在阿尔金岛上建造堡垒和仓库。

2. 血竭

这种来自龙树的珍贵树脂是一种有用的商品，被广泛应用于印染行业。它促使许多人来到加纳利群岛。

3. 香料

在亨利的时代，"香料"一词涵盖了很多的药物、香水和化妆品，但是它主要用于描述调味品，如胡椒（见图）。

4. 黄金

在如此多的海外扩张中，黄金是一个关键的推动因素。在亨利时代，黄金通常通过骆驼商队从撒哈拉沙漠以外的几内亚冲积矿区运往欧洲。

向东

巴尔托洛梅乌·迪亚斯

巴尔托洛梅乌·迪亚斯绕过非洲南端的航行为欧洲航海家们打开了印度洋的大门

60 年来，葡萄牙在航海家亨利王子和其后的国王若昂二世的领导下一直努力寻找可以不通过威尼斯和热那亚中间人与东方直接进行贸易的方法，寻找一条迂回绕过中东地区阻碍他们的伊斯兰大国到达东方的路线。唯一的办法就是绕过非洲到达东方。但这个想法的问题在于，根据古典世界最重要的地理学家托勒密的说法，印度洋——香料、丝绸和财富的源头——是内陆海，没有直接通往它的航线。

然而，葡萄牙人并不相信这一点。他们发明了卡拉维尔帆船，一种使用拉丁帆，具有无与伦比的机动性和适航性的船。他们还发现了亚速尔群岛和马德拉群岛，这两个古老的岛屿在当时并不为人所知。在亨利和若昂的鼓励下，一批葡萄牙探险队沿着非洲西海岸向南进发，并在突出的岬角上立起石柱，标记他们航行的最南部边界。1486 年，迪奥戈·康发现了刚果河。不久之后，他最远航

△ 一幅描绘巴尔托洛梅乌·迪亚斯绕过好望角时所乘坐的两艘卡拉维尔帆船的画作

行到了纳米比亚。然而，正如托勒密所断言的那样，非洲的海岸似乎没有尽头，而纳米比亚和安哥拉海岸的风阻碍了他们前进的步伐，同时船只还要与不断向北的洋流抗衡。

但是既然到达了如此遥远的南方，国王若昂决心要找到通往印度洋的航线，他和他的地理学家们都确信这条航线是存在的。1486 年 10 月，国王命令他的侍从巴尔托洛梅乌·迪亚斯率领远征队出发探险，这支队伍由两艘卡拉维尔帆船和一艘可以装载长途远征物资的单桅横帆船组成。迪亚斯本人是一个熟练的水手，他还招募了他能找到的最好的领航员和航海家。他们勇敢的远征于 1487 年 7 月或 8 月起航。

“迪亚斯绕过了非洲的一角，打开了葡萄牙人进入印度洋的大门”

到圣诞节那天，这支小船队已经超越了葡萄牙以往的探索范围。但是探险队要和将他们吹向海岸的西南风还有将他们推向北方的稳定洋流对抗。这艘单桅横帆船不太适合逆风和逆流前进，所以迪亚斯决定把它停靠在现在的纳米比亚海岸上。他率领两艘卡拉维尔帆船继续向南推进。这两艘船向南缓慢行进，逆风前后转舵以保持前进方向，但时常会被洋流推回去。在有了一些小进展之后，他们做出了非凡的壮举。他们转向西方，离开陆地，驶进了空旷的海洋。这一转向正好与他们的目的地形成了正确角度。两艘不超过 18 米长的小型卡拉维尔帆船驶进了开阔的大西洋。

没有记录表明这一举动是迪亚斯受灵感召唤，还是在葡萄牙为若昂工作的地理学家们研究出的策略。但无论这个决定是出于什么原因，这支小探险队继续向西南航行了 13 天，共计 1600 公里。之后气温陡然下降，风向也随之改变了。迪亚斯转向东航行。但是，即使在顺风行驶了几天之后，仍然没有陆地的影子。最后，迪亚斯又转向了北方。1 月底，瞭望员看到了远处的山脊。1488 年 2 月 3 日，船只在今天被称为莫塞尔湾的地方登陆。虽然他们自己还不知道，但他们的环形航行已经带着他们绕过非洲南端，进入了印度洋。探险队起程继续航行，他们沿着海岸前进，以确定这不是另一个像几内亚湾一样的海湾。几内亚海湾愚弄了之前的探险者，让他们以为来到了非洲的尽头。

到了 3 月中旬，补给正在消耗殆尽，海岸还在继续向东北延伸，此时，迪亚斯觉得他有把握了。他绕过了非洲的一角，打开了葡萄牙人进入印度洋的大门。在返回途中，迪亚斯看到了好望角。向北的航行得到了洋流和盛行风的帮助，但当他们返回补给船时，九名看守补给船的船员中只有三人幸存。迪亚斯烧毁了齿轮，因为它不再适合航行。幸存的人被转移到迪亚斯的船上，之后他们出发回家，在 1488 年 12 月抵达葡萄牙。迪亚斯的航行与哥伦布发现美洲一样，是发现时代最重要的一次航行。

△ 佩罗·达·科维良，探索时代伟大的无名探险家之一

陆地上的间谍

国王若昂二世不仅派遣了船只，还派遣了间谍。其中尤为著名的是佩罗·达·科维良，一个出身低微但会说多种语言的冒险家。科维良带着往来信件，前往亚历山大港。之后，他冒充阿拉伯商人，去了开罗，然后到了亚丁。在亚丁，他乘坐一艘三角帆船穿过印度洋来到印度的卡利卡特。在记录了印度洋香料贸易后，科维良回到开罗，在那里他会见了若昂二世派来的使者，并向他们提交了他的报告。这时的科维良已经爱上了探险，于是他探索了阿拉伯半岛，甚至伪装成穆斯林朝圣者进入了麦加和麦地那，随后冒险穿越红海到达西奈山。不知疲倦的科维良从那里前往埃塞俄比亚，非洲中心的基督教王国和祭司王约翰传说的源头。统治者埃斯肯德盛情款待了科维良，但拒绝让他离开。30 年后，一个葡萄牙大使会见了仍住在埃塞俄比亚国王宫廷里的他的同胞。

大洋洲
OCEANIA

澳大利亚是世界上一些最古老的文明的家园，而欧洲人的到来给许多澳大利亚人带来了灾难。他们频繁地带来疾病、死亡和破坏

南方的广袤大陆

如何发现澳大利亚

How the World Discovered Australia

南方存在广袤大陆的想法令水手、海盗、商人、国王甚至教皇着迷。本文将探索强风、天体、宗教热情和经济是如何引领我们来到澳大利亚的

1770年8月20日，英国国旗在银色的沙滩上升起，在微风中飘扬。登陆队发射了三发炮弹，随后停泊在海湾里的“奋进号”战舰做出了回应。詹姆斯·库克和他的船员们离开普利茅斯后已经在海上航行了724天，而他们离开新西兰也已经141天了。不到100名水手乘坐一艘小船在广阔的海洋上航行，他们绘制了海岸线，每个岛和其入口的海图，之后向西驶向范迪门斯地，然后向北探索“Terra Australis Incognita”（拉丁语，意为“未知的南方大陆”）的东海岸，完成了密封指令里的任务。

表面上，他们的太平洋之旅是为了见证罕见的金星凌日现象，但其实这是一个虚张声势的秘密任务，他们以“探索”为名，在王室授权下，为王室宣示无人定居土地的主权，并为科学目的记录异域的景象和天象。当探险家、天文学家和启蒙运动英雄詹姆斯·库克船长走上海岸，宣称广袤的南方土地归属于英国时——在这一过程中大陆整个东部土地被命名为新南威尔士——与其说他发现了一个新世界，不如说他是与一个老朋友见面。

对澳大利亚的渴望主宰了欧洲对亚洲的探索长达400年之久，长久以来它一直是亚特兰蒂斯般的神话。库克并不是第一个到达这里的人，他面前的道路铺满了沉船、战争、香料和海盗。但首先，必须有到达这里的想法。

1000多年前，远在15913公里之外的毕达哥拉斯为库克的想象点燃了希望。大约在

澳大利亚西部
船长：威廉·丹皮尔
船：皇家海军舰艇“罗巴克号”
国籍：英国
发现日期：1699 年 7 月 26 日
澳大利亚北部
船长：威廉·扬松
船：“杜伊夫根号”
国籍：荷兰
发现日期：1606 年 2 月 26 日
阿拉弗拉海
蒂汶海
达尔文
珊瑚海
印度洋
澳大利亚东部
船长：詹姆斯·库克
船：“奋进号”
国籍：英国
发现日期：1770 年 8 月 20 日
澳大利亚
布里斯班
澳大利亚西部
船长：德克·哈尔托赫
船：“恩德拉赫特号”
国籍：荷兰
发现日期：1616 年 10 月 25 日
新南威尔士
阿德莱德
悉尼
堪培拉
关键人物
威廉·扬松（1606）
德克·哈尔托赫（1616）
亚伯·塔斯曼（1642）
威廉·丹皮尔（1699）
詹姆斯·库克（1770）
塔斯马尼亚
船长：亚伯·塔斯曼
船：“海姆斯克号”和“泽海恩号”
国籍：荷兰
发现日期：1642 年 11 月 24 日
塔斯曼海

公元前530年，毕达哥拉斯为了逃避他的家乡希腊岛屿萨莫斯的暴政，来到了现代意大利的克罗顿。在开创他的思想学派和召集追随者之前，他游历了埃及到印度的广袤土地，并将他的经历运用到治学中，创立了以他的名字命名的学派。毕达哥拉斯认为，我们的世界是一个球体，所以南方必须有一块巨大的陆地来平衡这个球体。两个世纪后，亚里士多德根据月食时地球的圆形阴影，以及向南航行时，星座的位置变化，完善了这一理论。继亚里士多德的研究后，罗马地理学家彭波尼乌斯·梅拉（1世纪）绘制的地图将世界分为北部和南部两个区域。后来希腊罗马的占星家、天文学家、地理学家、思想家托勒密（公元90—公元168年）将他所知的所有世界地理知识编纂到他的巨著《地理学指南》里，并称通向广袤南方土地的路途毫无疑问

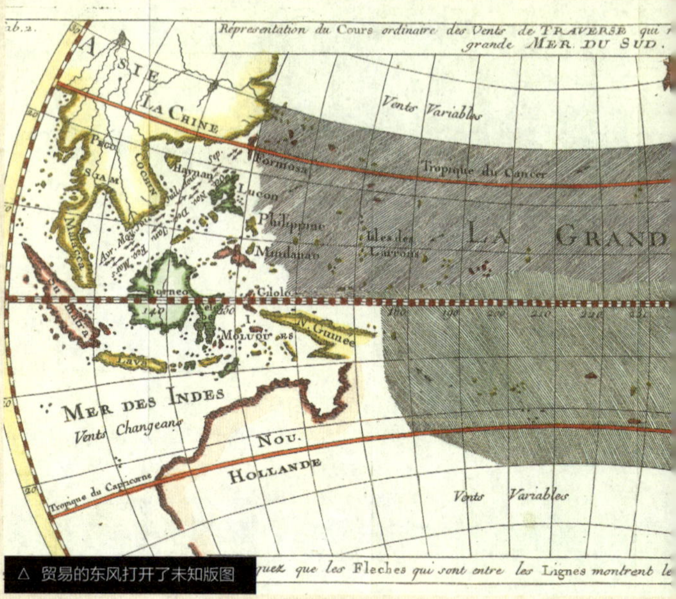

△ 贸易的东风打开了未知版图

“对澳大利亚的渴望主宰了欧洲对亚洲的探索长达400年之久，长久以来它一直是亚特兰蒂斯般的神话”

会布满荆棘，艰险万分。

在文艺复兴地理学和制图学的基础上，存在一片广袤无垠的未知陆地——南方大陆——的想法生根发芽，渐渐地每一张地图上都绘制出一块定义模糊的广袤的南方大陆。正如库克1768年的使命——为伦敦皇家学会进行一次实地调查——是扩大大英帝国的版图，政治和经济因素促使他的前辈们开启了探索之旅。

1368年，从东欧一直延伸到日本海的强大蒙古帝国崩塌了，欧洲人无法再从陆路前往中国和印度。可汗和教皇之间出人意料的友好关系被基督教欧洲和崛起的奥斯曼帝国之间的紧张关系所取代，后者

△ 扬松的“杜伊夫根号”

△ 库克的勇气和领导才能使他在沿澳大利亚东海岸的航行中避免了一场彻底的灾难

澳大利亚探索世界

在欧洲探险者一步步接近澳大利亚的时候，澳大利亚的近邻已经到达了这片广袤的南方大陆。16到18世纪（可能早在12世纪），马卡桑的海参捕捞者——来自苏拉威西岛（现在印度尼西亚的中部）的水手为中国市场捕捞海参——就用捕鱼权与澳大利亚土著换取布、烟草、金属轴、刀、大米和杜松子酒，土著人出售乌龟壳、珍珠和柏树。一些人加入了马卡桑人的队伍去收集海参。马卡桑人既给澳大利亚带来了天花病，也留下了新的词汇。在马卡桑人到来之前，350到750个土著部落使用着各不相同的望加锡方言。马卡桑人到来之后，马卡桑语成为沿海的通用语。许多与爪哇语和印尼语密切相关的词汇至今仍被土著使用。马卡桑人很可能也传播了他们的信仰，一些历史学家认为伊斯兰教（15世纪苏拉威西岛居民开始信奉）的元素已经渗入了土著的仪式中。

与马卡桑人的接触影响了澳大利亚土著生活的方方面面。他们开始专注于海洋，制作望加锡风格的适应性强的独木舟。他们最远航行到了托雷斯海峡群岛和新几内亚。托雷斯海峡岛民自己制造了长达20米的舷外支架和远洋独木舟，以便与澳大利亚和新几内亚进行贸易——这种做法至今仍在继续，并受到《托雷斯海峡条约》的保护，不受所有海关和边境管制。

△ 马卡桑人是早期与澳大利亚土著进行贸易的商人

封锁了通往东方的陆路。由于对香料、丝绸、茶叶和瓷器的需求，很多渴望贸易的国家——最初是葡萄牙和西班牙，然后是荷兰、法国和英国——开始寻找进入印度洋和更遥远地区的海上航线。

当欧洲超级大国开始重新审视他们的地图和世界地图时，斯里兰卡强大的泰米尔商业王朝建立了自己的海上贸易帝国，在9世纪至14世纪期间将其贸易延伸到了东南亚。他们手里塞满了印度的奢侈品，嘴里还挂着传统的泰米尔谚语“漂洋过海获得黄金”。他们遗留在泰国、爪哇、马来西亚、越南和柬埔寨的艺术和建筑揭示了他们的存在。到18世纪——虽然他们曾经伟大的帝国已经衰落，被先是葡萄牙然后是荷兰和英国殖民者所统治——泰米尔人开始与欧洲殖民者在新西兰和澳大利亚进行贸易。然而，有证据表明他们曾经登陆过这片土地：1836年发现的毛利人用来烹饪的锅，实际上是刻有精美泰米尔文字的14世纪的船钟。

在逐渐开放的全球范围内，为了争夺领土和贸易，葡萄牙人和西班牙人陷入了贸易冷战。1494年，他们签订了划分南北美洲的《托德西利亚斯条约》，1529年，他们又重新签订了划分亚洲的《萨拉戈萨条约》，然而这些条约并没有打破两国关系的僵局。

葡萄牙王室的统治已经以马六甲和班达海盛产肉豆蔻和丁香的香料岛为中心贯穿了东非、印度和马来西亚。他们甚至在1590年在帝汶岛上建立了一个贸易站，距离现在澳大利亚北部的达尔文港只有720公里。葡萄牙宣称亚洲大部分地区都归自己所有，并使得竞争对手西班牙人只能在没有香料也几乎没有什么价值的菲律宾找到立脚点。葡萄牙人可能不知道，萨拉戈萨分界线将新几内亚和传说中的未知南方大陆巧妙地一分为二。

1603 年，在教皇克雷芒八世和国王腓力三世的支持下，佩德罗·费尔南德斯·德·基罗斯率领三艘船从秘鲁出发，寻找并为西班牙宣示未知南地的主权。在让船按“神的旨意”航行后，船队在瓦努阿图（斐济的西边）登陆，由于错把它视为未知南方大陆，基罗斯称它为“圣灵的南部土地”。随后，他尝试建立新耶路撒冷殖民地（由圣灵骑士来保护），但新耶路撒冷在瓦努阿图人和他自己船员的敌对态度下耻辱地覆灭了。

“泰罗尔号”的残骸在 1969 年被重新发现，并被非法打捞

具有讽刺意味的是，基罗斯的副手，路易斯·瓦斯·德·托雷斯，最接近实现他的梦想。与基罗斯分开后，德·托雷斯带领剩下的两艘船前往马尼拉。当风迫使他从新几内亚向南而不是向北航行时，他和他的船员成了历史上有记载的第一批探索托雷斯海峡（现在以他的名字命名）的航海者。该海峡分隔了北部的新几内亚和南部的澳大利亚。虽然他的目光可能没有注视到广袤的南方土地，但他已经惊人地接近了。

当基罗斯神圣使命散去的时候，他的主人们也正在遭遇危机。1578 年，国王塞巴斯蒂安一世死后，葡萄牙没有继承人，这导致了 1580 年西班牙的入侵，战后腓力三世的父亲获得了葡萄牙王位，并促成了两国的联盟。西班牙获得了葡萄牙的殖民地，而西班牙的众多敌人也成了那些日渐衰弱的、遥远的葡萄牙殖民地的敌人。在接下来的 20 年里，英国、法国和新独立的荷兰共和国在北美、南美、印度、非洲和东南亚紧随伊比利亚联盟的步伐，把大片土地一块一块地彻底瓜分。

1605 年，曾与葡萄牙人在香料岛发生冲突的“杜伊夫根号”（“小鸽子号”）从刚刚被荷兰人控制的爪哇出发，代表荷兰东印度公司去探索新几内亚的海岸。1606 年，由威廉·扬松担任船长的“杜伊夫根号”成为有记载的第一艘航行到澳大利亚的欧洲船只。当时威廉误以为澳大利亚是新几内亚的西部海岸线（他完全忽视了托雷斯海峡——一个多世纪后，库克才证明澳大利亚是一块独立的陆地）。船员们发现这里泥泞不堪，人迹罕至。他们因为绑架了当地的一些妇女，而使得与澳大利亚土著的友好关系恶化，引发了一轮又一轮的袭击和报复，被迫回到了海上。

1616 年，德克·哈尔托赫紧随扬松的步伐，踏上了“恩德拉赫特号”的首航征程。他和一支穿越好望角的东印度公司船队分开后，利用“咆哮西风带”让航程缩短了几个月。他以比安全路线偏南得多的航线穿越了印度洋。“恩德拉赫特号”到达了澳大利亚西部，船员留下的一个扁平的青灰色餐盘成为他们曾经到访过那里的证据。由于东印度公司对速度的热情超过了对生命的珍视——

△ 土著海员使用独木舟

公司坚持其船长要不顾危险，利用咆哮西风带加速——荷兰人在接下来的几年里多次造访澳大利亚大陆，并把它绘制进了越来越多的地图，但是很多船只也因撞向澳大利亚西部海岸的岩石而损毁。这些沉船中最古老的是“特里亚尔号”。1622年，它在从普利茅斯到爪哇的途中沉没，船长是约翰·布鲁克。这次尝试所取得的成就并不能使库克受到鼓舞——第一个看到广袤的南方大陆的英国人，同时也成为第一个沉没在这片险象环生的洋流和岩石深处的欧洲人。

鲁莽把欧洲人推向了澳洲的海岸，而小心翼翼的阿贝尔·塔斯曼则是另一种行事风格。1642年，在宣称范迪门斯地（现在的塔斯马尼亚岛）归荷兰所有，借此向荷兰东印度群岛总督安东尼·范·迪门致敬时，他没有让船在未知的岩石海岸冒险，而是让船上的木匠游上岸插上了国旗。

范·迪门当之无愧——在他的领导下，荷属东印度群岛成了疯狂制图和领土扩张的中心，而塔斯曼则完全认同范·迪门的行事作风。在去往塔斯马尼亚岛的航行途中，塔斯曼通过图纸、日记和地图记录下航行的许多复杂细节，然后，越过塔斯曼海成为第一个到达新西兰的欧洲人，库克在一个世纪后以塔斯曼的手稿为参考，登陆贫困湾并为英国对新西兰宣示主权。

塔斯曼在1644年再次回到澳大利亚，他绘制了澳大利亚北部海岸的地图，并为南方大陆命名——新荷兰。这个名字一直沿用到库克时期和新南威尔士殖民地时期，在塔斯曼第一次提出“新荷兰”这个名字180年后，它才被“澳大利亚”正式取代。

如果说阿贝尔·塔斯曼是詹姆斯·库克效仿的榜样，那么威廉·丹皮尔就是库克向往的传奇（尚存疑点）。

作为一名出身卑微的英国海盗，丹皮尔破纪录地三次环游世界，并于1697年撰写了畅销书《环游世界》，救出了后来成为丹尼尔·笛福作品《鲁滨孙漂流记》主人公的野人。他的冒险经历给英国海军部留下了深刻的印象，1699年，库克出生前的29年，丹皮尔被任命为皇家海军“罗巴克号”的指挥官，受命去探索新荷兰和它的东海岸。丹皮尔在腐烂的“罗巴克号”开始进水之前，收集了前所未见的澳大利亚植物和野生动物。经过简单的维修，丹皮尔和船员们得以乘船返航回家，但被迫放弃了探索东海岸的任务。

因为失去了船，丹皮尔被军事法庭判定“不适合指挥皇家海军舰艇”。在1699年出版了《新荷兰航海》（这本书详细记录了有关植物、动物、岩石甚至盛行风等的细节）一书后，丹皮尔迅速回到了从前的海盗生活。

尽管丹皮尔在他最重要的战略目标上失败了——也因此失去了他的船——但他的这次航行先发制人地改变了航海范式，不仅对英国人如此，对法国人也是如此。遗憾的是，将近一个世纪后这一改变才得以实现。政治和利益促使航海家、植物学家、探险家和东印度人被派遣到殖民地宣示主权。1763年，谈判和殖民地割让政策结束了欧洲列强之间的七年战争。之后，西班牙、法国和英国陷入了一种比15、16世纪的葡萄牙和西班牙更混乱、更复杂的对峙状态。蓬勃发展的帝国除了向未知的领域扩张之外别无选择。

和平时期过剩的船只、人力、资金和经

验构成了可以作战规模的海军，（像库克一样，在上次战争中已经证明了他们在广阔战场上的价值的）海军军官们接二连三地被派遣到太平洋地区。1765年，海军部派出海军准将约翰·拜伦；1766年派遣塞缪尔·沃利斯上尉率领皇家海军舰艇“海豚号”出发，菲利普·卡尔特雷率领皇家海军舰艇“燕子号”出发；1769年派出库克——所有人的任务都是为荷兰占领太平洋沿岸岛屿。未知南地一直萦绕在他们心中。詹姆斯·库克和他的前辈们向南进发，就像塔斯曼和托雷斯之前所做的那样。他们的法国对手紧随其后。澳大利亚的版图将继续被一寸一寸地蚕食。

△ 詹姆斯·库克

无论他们的风帆受到经济、政治或帝国力量的冲击，还是受到咆哮西风带的冲击，他们的成就仍然是理性和探索的胜利。当库克终于把澳大利亚的金沙踩在脚下时，他的胜利是建立在前人经验的基础上的——塔斯曼、丹皮尔还有最近的沃利斯的经验——其核心思想可以追溯到古希腊。他的发现将成为殖民的基础，而这个殖民地最终将发展成一个国家。

很多年后，欧洲定居者才知道被库克称为新南威尔士的土地与新荷兰相连，和范迪门斯地并不接壤。而库克也用了很多年才证明这些分散的土地和新西兰或新几内亚并不相连（这在一定程度上要归功于西班牙对托雷斯航行的保密）。

这些人——这些来自不同世纪的思想家、海员、海盗和商人——的船只穿越未知的海洋，进入陌生的地平线，令澳大利亚悠久的历史告一段落，无论好坏，一段新的历史即将开始。

白云飘飘的大陆

发现新西兰的航行

这片土地形成于9000万年前，而直到740年前，人类才在新西兰登陆。它令所有探险家叹为观止

新西兰远离其他文明，几乎是最后一块被殖民的重要大陆。最早在这里定居的是13世纪的波利尼西亚探险家，他们来自4000公里外的塔希提岛附近的岛屿。他们乘坐能容纳60人的大型独木舟，很可能经历了几波探险才来到这里。他们带来了波利尼西亚鼠，那是他们饲养的食物。由于波利尼西亚鼠不擅长游泳，不搭上人类的船只是不可能到达新西兰的。对早期人类居住地的考古发掘发现，种子外壳上有明显的波利尼西亚鼠咬痕。对这些外壳进行的放射性碳年代测定表明，在1280年之前，新西兰没有人类居住。这些早期的定居者变成了毛利人，他们的语言与其他波利尼西亚人相似，但他们有自己独特的文化。19世纪，欧洲流行一种说法，认为毛利人可能取代了更古老的莫里奥里文明：面对与毛利人的竞争，只有东部查塔姆岛上的一小部分莫里奥

阿贝尔·塔斯曼最初将新西兰命名为斯塔恩地，因为他认为它是阿根廷海附近的斯塔恩岛的一部分

▽ 1777 年，詹姆斯·库克在夏洛特皇后湾登陆，皇家海军舰艇“决心号”“探险号”停泊在海湾

里人幸存了下来，其余的莫里奥里人就此灭绝。现在我们知道，事实恰恰相反。莫里奥里人最初是来自新西兰的毛利人探险者，他们在1500年左右殖民了查塔姆群岛。他们在文化上与新西兰的毛利人隔绝了，直到19世纪30年代，他们遇到了乘坐欧洲帆船旅行的毛利人，才开始称自己为莫里奥里人。

到了16世纪60年代，西班牙和葡萄牙的帆船开始定期在太平洋上做常规航行，但欧洲地图上印度尼西亚以南的大部分区域仍是空白的。直到1642年，荷兰商人兼海员阿贝尔·塔斯曼才成为有史料记载的第一个发现新西兰的探险家。塔斯曼由荷兰东印度公司派遣去完成绘制海图的任务。要绘制海图的地方完全不为人知，人们认为它在寻找已久的南方大陆的北海岸。他没有找到这个地方，因为它根本不存在，至少在当时地图上显示的位置上是不存在的。当时的地图显示，南太平洋边缘有一块尚未开发的大陆。问题在于，所有这些地图都是基于对马可·波罗300年前旅行记录的盲目接受，而我们现在知道，这些记录中有一些是错误的。但是，就像之前几乎所有未被发现的土地一样，澳大利亚也被认为遍地黄金，荷兰东印度公司渴望率先找到它。

▽对于这样的长途航行来说，“奋进号”是一艘相对较小的船——只有32米长，搭载了94名船员

对塔斯曼来说，他的任务不仅仅是向南航行直到到达陆地那么简单。塔斯曼从荷兰的巴达维亚港（现在的印度尼西亚雅加达）出发，但为了利用当时的盛行风，他几乎一路向东南偏东航行，穿过印度洋到达毛里求斯，然后加速折回，朝西南偏西方向航行。1642年11月24日，在为了向南推进4000公里而航行了14000公里后，他发现了塔斯马尼亚西海岸。现在塔斯马尼亚是以阿贝尔·塔斯曼的名字命名的，但塔斯曼最初称它为范迪门斯地，以致敬安东尼·范·迪门，这次航行的赞助者之一。绕过南部海岸后，塔斯曼尝试向北航行，但恶劣的天气迫使他向东。这意味着几天后当他到达南岛的西北海岸时，他将成为第一个发现新西兰的欧洲人。塔斯曼沿海岸向北航行了5天，然后派出两艘船去收集饮用水。在他们到达岸边之前，他们遭到了乘坐一艘大独木舟的毛利人的袭击，他的四名手下被杀。当塔斯曼试图离开时，他们遭到了另外11艘独木舟的袭击。他用装有霰弹的大炮向他们开火，可能打死了一名毛利人。塔斯曼将这个海湾命名为“杀人湾”（后来更名为黄金湾），从此再也没有回到新西兰。当他在1643年6月15日回到巴达维亚时，

△ 塔斯曼船上的艺术家描绘了他在杀人湾遇到毛利人的情景

荷兰东印度公司对他没有更彻底地探索该地区感到失望。塔斯曼是第一个在太平洋南纬27度以南航行的欧洲人。但他和他的船员都没有踏上过新西兰的土地，他对新西兰地理的贡献只是地图上的一条粗糙的线，它无法表明它是属于一个岛屿还是某个更大的大陆。荷兰人在那里没有发现任何值得再次进行深入探索的东西，因此，直到125年之后，下一艘船才抵达新西兰海岸。

39岁的皇家海军军官詹姆斯·库克是这艘船的船长，他刚刚被提升为中尉，这使他有足够高的军衔来指挥“奋进号”。他的主要任务是观察金星凌日现象，这一现象可以在1769年4月13日在塔希提岛观测到。科学测量完成后，他打开了第二套密封的命令，得到了一个新的任务：航行到南纬40度，寻找南方大陆。这项任务是秘密进行的，因为英国希望为自己夺取这片黄金大陆，在它的国旗牢牢地插在这片未知土地上之前，英国并不想吸引其他国家的注意。根据库克得到的指示，如果他在向南航行到南纬40度的时候还没有发现大陆，他应该转航向西，沿着35度到40度的纬度航行，直到到达阿贝尔·塔斯曼之前发现的海岸线。库克本人怀疑南方是否真的有一块未知大陆，他迫切希望能向上级证明，所以他尽职地听从了上级的指示。1769年10月6日，船医的儿子尼古拉斯·杨从船上的瞭望塔看到了新西兰的西北海岸。“奋进号”停靠在了贫穷湾，库克为纪念小尼克的发现，将这个岬角命名为“小尼克之头”。

在接下来的六个月里，“奋进号”仔细测量了新西兰的整个海岸。库克是一个熟练的制图师，工作非常细致。他证明了这个国家并没有与一块更大的陆地相连，与此

詹姆斯·库克为新西兰的一些海岸地标命名，而库克山和库克海峡以他的名字命名

▽ 毛利渔民试图在这里绑架库克的一名船员。它现在仍然被称为绑匪角

同时，他在两个岛屿之间发现了一条亚伯·塔斯曼错过的海峡（现在以库克的名字命名）。精确测量是一项极为危险的活动，因为它要求船只尽可能地驶近未知的海岸。到了晚上，船必须完全停留在原来的位置，这样第二天才能继续测量。如果没有合适的地方抛锚，船员们就必须人工抵御潮汐和天气，使船保持在原位。即使在今天，库克的新西兰地图仍然堪称绘制精良，它只有两个主要错误：克赖斯特彻奇附近的班克斯半岛在他的地图上显示为一个岛屿；另外库克认为南部的斯图尔特岛实际上与大陆相连。

“奋进号”储备了1万块肉、9吨面包和3吨泡菜

库克对待当地毛利人的策略是尽可能地建立友好关系。他是最早认识到新鲜水果和蔬菜对预防坏血病至关重要的航海家之一。因此，只要有可能，他就会停下来为他的船补充给养。但是毛利人并不总是欢迎“奋进号”的到来。当他第一次在贫困湾登陆时，四个毛利人袭击了留在海滩上看守船只的水手。“奋进号”的舵手开枪打死了一名毛利人。第二天，库克再次上岸，在一位来自塔希提岛的翻译的帮助下，带着礼物来缓和局势。但是，一个毛利人突然从一名水手手中夺过一把弯刀，因而被射杀了。为了让当地人相信他是友好的，库克策划了一个行动：在海上抓住一群乘坐独木舟的毛利人，然后给他们礼物并还他们自由。这个不切实际的行动失败了，因为毛利人发现他的船驶近独木舟后，立刻发起了进攻。在随后的冲突中，有三四名毛利人被枪杀或受伤，另有三人被俘。他们在“奋进号”上受到了良好

的款待，并于第二天获释。但是作为一种外交策略，此举似乎并没有给库克带来任何好处。

“库克对土著毛利人的态度是尽可能建立友好关系”

还有一次，一艘渔船载着20名毛利人驶近奋进号。库克尝试在塔希提翻译的帮助下和毛利人换鱼，但当翻译的仆人男孩爬到独木舟上取鱼时，毛利人绑架了他并划船快速离开。库克的手下开火，打死两名毛利人，打伤一人。那个小男孩在混乱中跳入水中，被“奋进号”救了回来。库克将附近岬角的陡峭白色悬崖命名为绑匪角，以纪念这一事件。

新西兰海岸被绘制成地图后，库克沿着澳大利亚东海岸航行，这一区域在当时也没有被绘制成地图。然后他绕过好望角（南非）回到英国。1771年7月10日，在经历了将近三年的海上航行后，“奋进号”返回英国，第一个看到新西兰的尼古拉斯·杨再次成为第一个看到陆地的人。几个月前，英国报纸刚刚报道了奋进号因风暴而沉没或被法国军舰击沉的消息，所以库克的归来引起了不小的轰动。库克成了名人，他的航海记录被一个雄心勃勃的代笔作家约翰·霍克斯沃思重写。他把库克和探险队的植物学家约瑟夫·班克斯的记录合并在一起，还编造了许多他自己想象的情色细节。这些记录遭到媒体的广泛批评，媒体认为它耸人听闻而且不准确。但库克本人没有机会读到这个版本，因为在它出版的时候他已经再次出海航行了。

库克并不是当时唯一在新西兰水域航行的水手。让·弗朗索瓦马里·德·叙维尔是“圣让·巴蒂斯特号”商船的船长。我们从他的日记中得知，1769年12月13日，他正在寻找一个安全的避风港以躲避把他吹离航线的强风。当时，他在距离“奋进号”不到15公里的地方航行，但令人惊讶的是，在日间，如此近距离航行的两艘船竟然都没有发现对方。另一位法国人马克·约瑟夫·马

库克的牧师翻译

1769年4月，当库克第一次航行到达塔希提岛时，他遇到了一位波利尼西亚牧师图帕伊亚。他是一个秘密宗教团体埃瑞奥伊的成员，这个团体崇拜战神奥罗。图帕伊亚非常聪明并富有魅力，他是岛上一位最高酋长的政治顾问，也是酋长妻子的情人。1767年，当英国皇家海军“海豚号”的船长塞缪尔·沃利斯在塔希提岛停留时，图帕伊亚曾与欧洲人见过面，会说一些英语。他加入远征新西兰的行动，部分原因是为了躲避国内的政敌。当库克向图帕伊亚询问该地区的地理情况时，他画出了一张地图，上面标记了以塔希提岛为中心半径3200公里内的130个岛屿。它们的位置是由祭司维系的口述传统的一部分。作为毛利人的翻译，图帕伊亚是非常珍贵的。库克形容他是“一个精明、机智、理性的人，但同时骄傲而固执”。1770年12月，当“奋进号”在巴达维亚停靠时，他死于痢疾或疟疾。

△ 图帕伊亚也是一位艺术家，他描绘了“奋进号”上的植物学家约瑟夫·班克斯与当地人换龙虾的场景

库克的第一次航行（1768—1771年）
库克比塔斯曼对新西兰的探索更彻底。他花了六个月的时间绘制海岸线和内陆地图，并与毛利人接触。他发现了分隔新西兰两个岛屿的海峡。

库克的第二次航行（1772—1775年）
在他的第二次航行中，库克分别在5月和11月两次回到新西兰。他把夏洛特皇后湾作为与他的同伴“探险号”会合的集合点。

库克的第三次航行（1776—1779年）
在库克的第三次航行中，夏洛特皇后湾已经成为一个常规的路径点。在他向北寻找西北航线的途中，他在那里停靠了两个星期。

里昂·迪弗雷纳在1772年3月偶然发现了新西兰，他没有意识到库克在三年前就已经发现了这片大陆。他与当地毛利人的初次接触比库克要和谐得多。法国人被邀请到毛利人的村庄过夜，他们还花了几个星期的时间学习毛利人的语言和习俗。但双方的关系后来恶化，可能是因为毛利人对法国的枪支产生了兴趣。随着形势持续恶化，迪弗雷纳和他的26名船员被杀害。其余驻扎在陆地上的船员被毛利人军队包围了好几天，这期间毛利士兵人数最高达到约1500人。只有26人的法国士兵拥有精良的武器，在一场激战中杀死了250名毛利人，其中至少有5名首领。在接下来的一个月里，他们还进行了多次报复性袭击，直到最后乘船返回法国。

对迪弗雷纳命运的描述给欧洲人殖民新西兰的希望蒙上了阴影。但在1772年，幸存者还没有归来，与此同时，詹姆斯·库克被提升为指挥官，正在为第二次寻找南方大陆的远征准备装备。这次，他计划把新西兰作为行动基地。夏洛特皇后湾是南岛东北海岸的一个避风港，面向分隔两岛的库克海峡。在这次航行中，库克乘坐“决心号”，与托拜厄斯·弗诺船长乘坐的皇家海军舰艇“探险号”同行。两艘船于1772年7月13日出发，到达好望角后向南航行，于1773年1月17日到达南极圈。

库克的山羊是第一只两次环游世界的动物，它被授予银项圈

新西兰独特的野生动物

大蜥蜴

严格来说，大蜥蜴不是蜥蜴，而是两亿年前进化出来的爬行动物的单独一目。它们濒临灭绝，只能在岛屿自然保护区看到。

南部的贝壳杉

这种针叶树是新西兰木材的最主要来源。在1.9亿年的时间里，它们几乎没有什么变化。贝壳杉森林是世界上最古老的森林之一。

即使是在南极的仲夏，由于浮冰的缘故，他们也无法再往南航行了。2月8日，“决心号”和“探险号”在浓雾中失散了。库克和弗诺预料到了这一点，预先安排在夏洛特皇后湾会合。5月，两艘船在那里相遇，然后向北航行到汤加补给。然而，在向南再次穿越南极圈的途中，“探险号”和“决心号”又被一场风暴分开了。“探险号”于1773年11月30日到达夏洛特皇后湾，但库克已经放弃了等待，在4天前下令出发向南航行。由于弗诺船长在徒劳地等待与库克会合时，他的补给开始短缺，12月17日，他派了一队人上岸去采集蔬菜，但是到夜幕降临时，他们还没有回来。第二天，弗诺派了一支海军陆战队去调查，他们发现登陆的小船被遗弃了，旁边是失踪船员丢弃的鞋子。那些人永远回不来了。

掌管海军陆战队的詹姆斯·伯尼上尉在日记中写道，他觉得这不是一起有预谋的谋杀，很可能是冲突失控的结果。

事件发生后不久，弗诺船长就回到了英国，而库克则继续在南极和南太平洋进行了为期一年的探险，因此，直到很久以后他才得知这次恐怖事件。库克的第三次也是最后一次航行是寻找穿越加拿大北海岸附近岛屿的横跨于太平洋和大西洋之间的西北航道。1777年2月12日，他再次途经新西兰，并用夏洛特皇后湾作为停船点。当地的毛利人在认出库克后非常担心，因为他们担心库克会为弗诺船员的死复仇。尽管库克的手下要求复仇，但他拒绝了，反而邀请毛利人酋长卡胡拉到他的船舱和他共进晚餐。

面对如此可怕的挑衅，詹姆斯·库克仍然沉着冷静，这正是使他成为一名卓有成就的探险家的品质之一。他对了解这片遥远而陌生的未知土地的贡献是无与伦比的，他的航行为民族学和人类学这两门新兴学科奠定了基础。

△从北岛惠灵顿附近的考卡山眺望库克海峡的俯视图。海峡最窄处宽22公里

恐鸟

在被毛利人猎杀灭绝之前，在新西兰生活着九种这类巨大的不能飞行的鸟类。它们中最大的有人类的两倍高。

巨大的沙螽

由于没有哺乳动物捕食它们，这些类似蚱蜢的昆虫得以将体形进化得巨大。迄今为止发现的最大的沙螽有10厘米长，比一只麻雀还重！

英雄还是恶棍

詹姆斯·库克船长

Captain James Cook

这位探险家穿越未知海洋的航行在世界各地掀起波澜

詹姆斯·库克船长是英国最著名的水手和探险家之一，与沃尔特·雷利爵士和弗朗西斯·德雷克爵士齐名。在三次远航中，他发现了新西兰、塔希提岛、夏威夷岛和澳大利亚东海岸，这些发现帮助英国扩展了它的帝国版图，也使人们对这些广阔的土地有了更多的了解。

库克于1728年出生在约克郡的马顿。他的第一份工作是一名见习店员，但他很快就意识到自己不适合这份工作，注定要从事海上职业。18岁时，他成了船上的见习学徒，六年后他在“友谊号”上获得了大副的头衔。1755年，他拒绝了加入一艘商船的邀请，而选择加入皇家海军。两年内，他晋升为“彭布罗克号”的船长，这是一艘拥有64门火炮的军舰，在七年战争中库克乘坐它奔赴加拿大对抗法国。

正是在这里，库克因绘制圣劳伦斯河的地图而在海军圈中首次扬名。在自己动手绘制加斯佩湾地图之前，他在测量员塞缪尔·霍兰的指导下学会了如何使用制图工具和绘制地图。然后他绘制了圣劳伦斯

库克和他的手下看到塔希提人将他们的皮肤染色并加以效仿，开创了水手在身上文身的传统

△ 库克是航海界的先驱，他代表英国对殖民地宣示主权，并根除了他船上的坏血病，但是他对待夏威夷人的方式最终导致了他的死亡

敌人

夏威夷土著

尽管库克刚到夏威夷时，夏威夷人把他当作神来对待，但他和当地居民的关系很快就恶化了。库克的一艘小艇被偷后，他逮捕了一名夏威夷部落首领，这直接导致他受伤身亡。

约瑟夫·班克斯

这位著名的植物学家在库克船长的第一次远航中随船出行，在到达塔希提岛、新西兰和澳大利亚的途中收集植物。然而，在和库克闹翻之后，他没有参加第二次航行，这都是因为船长不允许班克斯在船上占用更多的甲板。

澳大利亚土著

澳大利亚土著不喜欢库克和他的船员来到他们的土地。据记载，当船队抵达植物学湾时，土著人用矛向船队发起进攻。库克在澳大利亚的经历充斥着双方的互不信任和互相攻击。

河沿岸主战场的地图。

为了避免被法国军队发现，他在黑暗的掩护下工作了几个月，最终绘制出了这条河的地图。这张地图使英国人得以顺流而下，占领魁北克，而这成为战争中的一个重要转折点。此后，库克被任命为首席测量员，并在接下来的8年里绘制了加拿大东海岸的地图。他对战争的贡献得到了认可，这一成就加上他在数学和天文学方面的研究，为他赢得了“奋进号”的指挥权。

> 库克没有直系后代，因为他的6个孩子在有自己的孩子前就都死去了

“他赢得了负责任、有爱心的船长的声誉”

天文学家发现，1769年6月将会出现金星凌日，但只有在南半球才能观测到这一现象。英国政府认为这将是很有价值的观测，所以召集了一支由库克指挥的队伍去执行该任务。观测是这次航行的主要目的，但是同时英国对探索传说中的南方大陆也有着浓厚的兴趣。天文学家查尔斯·格林博士和植物学家约瑟夫·班克斯随船同行，他们分别负责观察金星凌日和收集异域植物。

1768年8月，库克从普利茅斯出发，在南太平洋法属波利尼西亚最大的岛屿塔希提岛登陆。他观测到了金星凌日，完成了他的主要任务，然后继续向西推进到了新西兰。在环岛航行后，他在1770年到达澳大利亚东海岸，成为第一个抵达澳大利亚大陆的欧洲人。

虽然库克受到塔希提人的热情欢迎，但澳大利亚的土著看到船员们却不太高兴，他们用矛攻击“奋进号”。然而，“奋进号”更强大的火力决定了冲突以库克方获胜告终。库克在植物学湾靠岸，宣称这片土地属于英国，并将其命名为新南威尔士。在进一步的深入探索后，库克和他的船员们在离开英国差不多整整三年之后，成功回到了英国。

△ 在塔希提岛，库克目睹了活人祭祀

△ 停泊在塔希提岛马塔瓦伊湾的库克船长的两艘探险船——“决心号”和“探险号”

仅仅一年后，库克再次出发，这次他带领“决心号”和“探险号”尝试探索未知南方大陆更多的土地。1773 年 1 月，他越过了南极圈。但是因为那里的气候非常寒冷，他们被迫返回。他们成功地回到了新西兰和塔希提岛，同时发现了复活节岛和汤加，并证实了巨大的南方超大陆实际上并不存在。在库克的第三次也是最后一次航行中，他回到了北美洲，再次寻找一个神秘地点。这一次，他寻找的是一条穿越北美、连接大西洋和太平洋的西北航道。库克又一次途经澳大利亚、新西兰和塔希提岛，然后沿着北美西海岸北上。在途中，船队看到了夏威夷，但并没有停下来。他们继续向北前往阿拉斯加，并穿过了白令

▽ 争端爆发后，库克和另外四名水手被当地人杀害

海峡，但是由于北极厚厚的冰层，他们无法再继续前进。

他们于1778年1月返回夏威夷，在那里他们备受尊敬，接受了热情款待。令他们如此幸运的是，库克和他的手下到达夏威夷时，岛上的居民正在庆祝一个传说中有关海神洛诺的节日。当地人认为库克就是海神，因此水手们得到了非常好的照顾。他们曾在2月试图离开该岛，但由于"决心号"的前桅损毁，不得不迅速返回。当他们再次离开的时候，库克与当地人之间爆发了一场冲突，因为当地人偷盗了"探险号"上的一艘小艇。1778年2月14日，库克绑架了一名当地领导人作为谈判的人质，但在后来的冲突中不幸在凯阿拉凯夸湾遇害身亡。库克被海葬，船员们返回家乡，带回了证实西北航道根本不存在和该国最伟大的水手和探险家之一不幸去世的消息。

虽然从未被任命为船长，但是库克是船上的指挥官，所以也可以这样称呼他

虽然库克最大的成就是发现了南太平洋的许多岛屿，但他同时对海军历史做出了更重要的贡献。长途航行中造成死亡最多的疾病之一是坏血病，这是一种缺乏维生素C导

致的疾病。它的症状包括疲劳、牙龈肿胀疼痛、黄疸和最终死亡。

人们对如何预防这种疾病知之甚少，但库克听从了医生的建议，坚持尽可能保持船的清洁，并让船员们尽可能多吃新鲜水果和蔬菜。这些措施使得他的第一次远航成为英国历史上第一次没有船员死于这种疾病的长途航行。人们常说，库克在海军白手起家逐步晋升的经历使他更加同情船员，明白他们的需求和感受，这可能是他采取如此强硬的立场，为他的水手创造最好条件的部分原因。虽然发现坏血病的预防措施并不能归功于库克，但他坚决执行这些措施，在海上拯救了不计其数的生命却值得称赞。

尽管库克船上的情况明显好于大多数船只，他也被誉为负责任和有爱心的指挥官，但他也很容易发脾气。他的手下在他的暴怒中遭受了越来越多的痛苦，很多人认为正是这种愤怒导致了他最终被刺身亡。

库克在海军历史上的另一个重要贡献是在航海领域。英国钟表匠约翰·哈里森，设计了一种可以在海上测量船只经度的装置，这在之前几乎是无法办到的。库克在“奋进号”上对该装置进行了测试，确认哈里森的机器可以完成测量经度的工作。这是海上航行的一个历史性里程碑，它在库克和其后水手探索更遥远地区的过程中发挥了重大作用。

库克无疑是英国和海军的英雄，他将精湛的技术与对知识和发现的渴望结合在一起。他在国外的远航中，总是传回一些新的信息，有时是发现了新大陆，有时是证实没有新大陆存在。他在海军中迅速晋升说明他是一名出色的水手，而他花了十年时间在海上探索人类之前从未涉足过的水域就是对这种技能的最好证明。人们当然可以指责他对所探访的大陆上的土著文化缺乏敏感度，但这似乎是当时的普遍态度。

在执行英国海军海外任务的 11 年时间里，詹姆斯·库克船长开辟了一条跨越大洋的航线。他给世人留下了宝贵遗产：新的陆地被发现，水手的健康得到了极大的改善，新的导航技术得以应用。他不仅是航海领域的先驱，他还勇敢、聪明，乐于冒险，这些品质使他成为世界上最伟大的探险家之一，名留青史。

盟友

船长查尔斯·克拉克

库克信赖的副手克拉克陪同他进行了历史性的三次航行。库克在夏威夷去世后，克拉克接管了“探索号”和“决心号”，但他在船返回英国之前就死于肺痨。

库克的船员

库克出现之前，在海上长途航行中，坏血病一直是一种威胁。库克非常重视船员的健康，他坚持船上保持清洁并让船员多吃新鲜蔬菜，这使他的许多船员幸免于致命的疾病。

约翰·哈里森

这个钟表匠认为他已经解决了在海上测量经度的问题，但他的发明需要进行测试。库克是这项工作的最佳人选，他证明了哈里森的发明是有效的，这极大程度上助力了未来几代水手的全球航行。

ERSLAND
HEL
GOLAND
ENGLAND
LAND
NAL
INDIA

遗留问题 LEGACY

发现时代——实际上是帝国时代——可能已经结束了，
但其在世界各地的影响至今仍未完全消除。从奴隶制到皮肤美白产品，
都是欧洲探险带来的负面影响

把人类当作货物

跨大西洋奴隶贸易

Transatlantic Slavery

揭开历史上最黑暗贸易鲜为人知的起源

当弗朗西斯科·德·罗萨在“圣马利亚·德·拉卢兹号”的甲板上眺望新世界时，这位水手对自己的出色表现感到非常满意。德·罗萨从阿尔金出发远航，这个小岛位于现在西非的毛里塔尼亚海岸附近。他带着贵重的货物穿越了大西洋，安全抵达波多黎各。在他运送到大西洋彼岸去贩卖的货物中，至少有 54 名非洲奴隶。

德·罗萨 1520 年的航行是已知的第二次从非洲直接运送奴隶到美洲的航行；他可能还在一年前指挥了第一次奴隶运送，那次至少有 60 名奴隶被运到美洲。这两次航行是第一批进行可怕奴隶贸易的航行。400 年后跨大西洋奴隶贸易结束时，大约有 1100 万非洲人被强行运送到了大洋彼岸。这就是跨大西洋奴隶贸易的开端。

尽管距离相对较近，但在 15 世纪初，欧洲人对地中海海岸以外的非洲大陆知之甚少。在卡斯蒂利亚和葡萄牙的海员们开始了解大西洋洋流和风向的规律后，他们才开始乘坐小型但可操纵性强的卡

△ 欧洲探险家发现大洋彼岸非洲劳工的用处后，跨大西洋奴隶贸易就此诞生了

非洲的另一种奴隶贸易

当欧洲探险家第一次沿西海岸来到非洲时，奴隶制已经在非洲社会盛行。成为奴隶的原因多种多样，可能是因为犯罪或债务而受到惩罚，也可能是作为敌对部落的成员，在战争中被俘或被突击队绑架。然而，非洲奴隶的地位可能与大西洋彼岸那些不幸成为动产奴隶的人不同——他们可以拥有一些权利，比如拥有财产和担任公职。公元 7 世纪，当伊斯兰教开始传入非洲时，穆斯林商人开始向南扩张，寻找新的市场和合作伙伴。先驱者们发现了能够途经绿洲穿越撒哈拉沙漠的路线，他们经常把现代摩洛哥和突尼斯的锡吉勒马萨或凯鲁万作为他们旅程的终点。每年都有成千上万的奴隶被带到北非和更广阔的伊斯兰世界去充当工人、用人和妾室。

△ 在欧洲人到来之前，阿拉伯奴隶贩子购买和运输非洲奴隶已经有几个世纪了

奴隶中心

1. 阿尔金
非洲海岸外最早的欧洲奴隶交易基地之一，建立于 1445 年。

2. 圣多美岛
一个岛屿贸易基地，曾是奴隶从刚果王国走私到美洲的枢纽。

3. 艾尔米拉城堡
这座蓄奴城堡建于 1482 年，是现在撒哈拉以南最古老的欧洲建筑。

4. 加那利群岛
欧洲人最早对非洲奴隶的需求源于东大西洋殖民地对工人的需求。

5. 伊斯帕尼奥拉岛
第一批来到美洲的非洲奴隶于 1502 年绕过欧洲大陆到达伊斯帕尼奥拉岛。

6. 圣米格尔－德－瓜尔达普
1526 年，卢卡斯·巴斯克斯·德·艾利翁建立了这个殖民地。第一次试图殖民该大陆的 600 名殖民者中包括一些奴隶。

拉维尔帆船向南探险。1402 年，卡斯蒂利亚人开始征服加那利群岛；葡萄牙探险家在 1419 年发现了无人居住的马德拉群岛，1427 年发现了亚速尔群岛，1456 年发现了佛得角。

新发现岛屿的气候和肥沃的土壤非常适合生产葡萄酒和糖，殖民者的先驱很快就定居下来。然而，他们并没打算承受在岛上

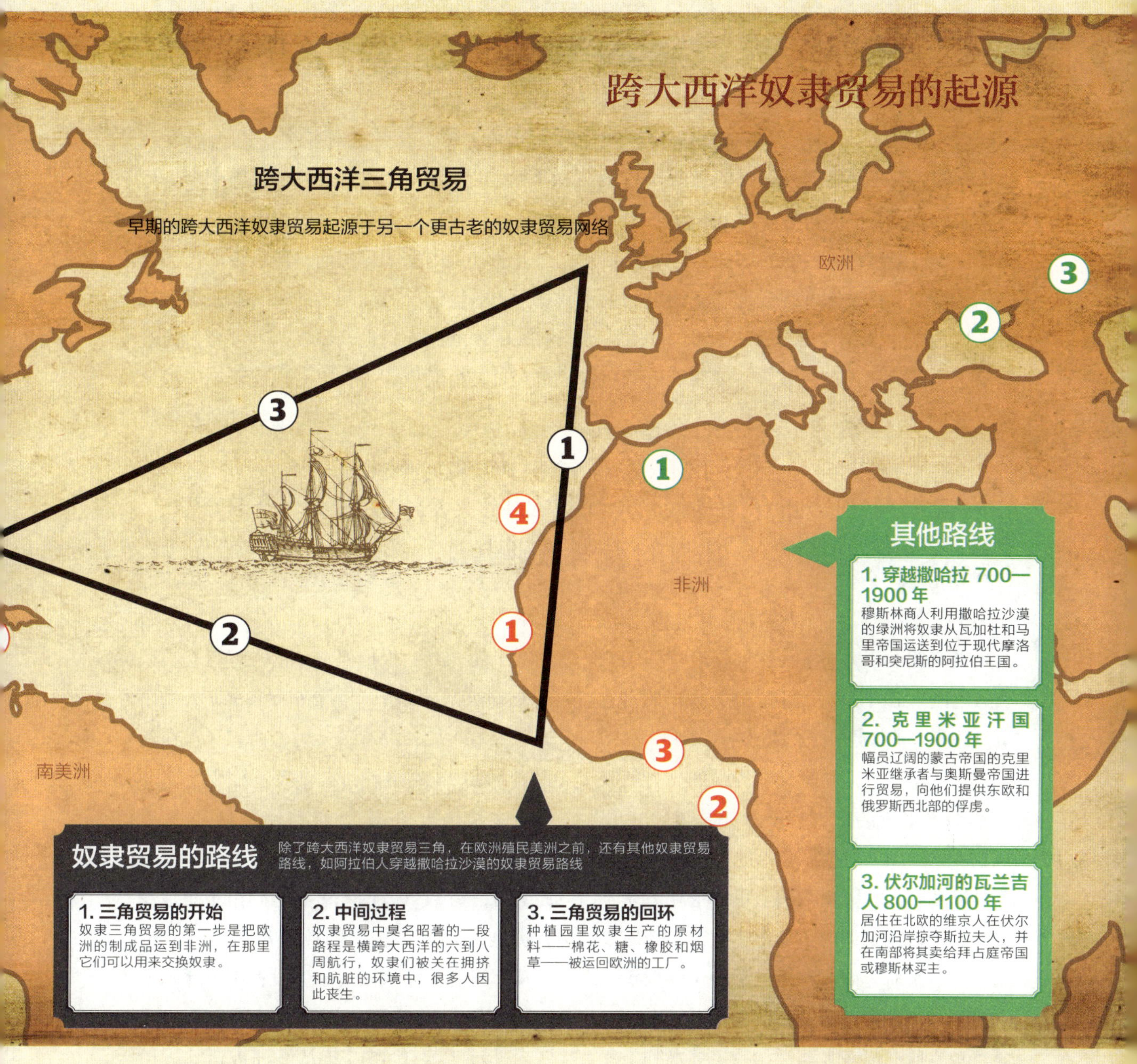

谋生所需的艰苦劳动，他们计划将劳动转嫁他人。虽然加纳利群岛的土著是理想的劳动力来源，但是他们数量有限。对殖民者来说，幸运的是，他们很快找到了另一个劳动力来源。除了绘制东大西洋水域的地图，航海家们还沿着非洲海岸向南航行。1441 年，他们越过已知的博哈多尔角到达布兰科角，1443 年到达阿尔金湾，1444 年到达佛得角。在那里，

他们偶然发现了一个有数百年历史的贸易网络。在这个贸易网络中，西非国家将奴隶卖给阿拉伯商人，后者穿越撒哈拉沙漠将奴隶运到北非。

欧洲人发现西非因穿越撒哈拉贩卖奴隶所带来的利润而极其富有。14 世纪，马里帝国的规模已经超过了西欧。据称，1324 年该国国王曼萨·穆萨在前往麦加朝圣路过开罗时，他的朝觐队伍有 6 万人，其中 1.2 万人是拿着金条为他铺路的奴隶。穆萨的巨额财富无意间引发了通货膨胀，在他到访后的十多年里，开罗物价飙升，黄金持续贬值。一个多世纪后，桑海帝国的阿斯基亚大帝完成了一次同样奢华的朝觐。当时的刚果王国是一个拥有 50 万人口的富有贸易国家，首都是恢宏的姆班扎—刚果。

“第一批探险者带着大片无主土地的传说从大洋彼岸回来后，对奴隶的需求急剧上升”

这些富有王国和黄金的传说如亮光般吸引了如飞蛾般的欧洲探险家来到非洲海岸，他们渴望与富有的统治者进行贸易。1445 年，葡萄牙人在离现在的毛里塔尼亚海岸不远的一个避风海湾的小岛上建立了一个贸易站。阿尔金岛为商人们提供了一个获取黄金和包括奴隶在内的其他商品的基地，这些奴隶可以在欧洲或东大西洋的殖民地岛屿上卖个好价钱。到了 1455 年，每年约有 800 名奴隶从阿尔金被运往葡萄牙；到 16 世纪初，葡萄牙船只从非洲海岸运送了大约8.1万名奴隶，里斯本多达 10% 的人口可能是非洲人或非裔。

欧洲及其殖民地对非洲奴隶劳动力的需求使西非贸易港口有了稳定但为数不多的奴隶交易。然而，在第一批探险者带着大片无主土地的传说从大洋彼岸归来后，对奴隶的需求急剧上升。

1492 年，当克里斯托弗·哥伦布发现伊斯帕尼奥拉岛时——现在的海地和多米尼加共和国所在的岛屿，这里很可能是数十万土著泰诺人的家园。然而，西班牙的殖民是暴力的。任何反对征服者的土著都被无情地消灭了，欧洲疾病也开始在当地蔓延，而泰诺人对其毫无免疫力；第一次在伊斯帕尼奥拉岛和波多黎各流行的天花病可能夺走了大约三分之二的土著人口的生命。在短短 30 年时间里，当地人的数量骤减了约 85%。根据西班牙的人口普查，截至 1514 年，当地只剩下 2.6 万名泰诺人受西班牙统治。如果没有劳动力，西班牙人在新大陆发现的丰富金矿和农田就毫无用处。

这种情况在整个加勒比地区重复上演——在西班牙殖民扩张的前二三十年里，岛上可能有数百万的土著死亡。由于当地没有劳动力，奴隶从非洲西海岸被运往欧洲，再从那里运到新大陆。第一批在美洲登陆的非洲奴隶于 1502 年到达伊斯帕尼奥拉岛，而四名非洲奴隶于 1513 年从欧洲被运往古巴。西班牙失去一批劳动力后，他们的解决办法是从大洋彼岸用船运来另一批。

1518 年 8 月 18 日，西班牙国王卡洛斯一世颁布了一份新文件，授权允许将奴隶从非洲直接运送到美洲，这使得新的跨大西洋奴隶贸易变得极其高效。这一特许状使

△ 奴隶通常被其他非洲部落捕获

得国王的亲信顾问和国务委员会成员洛伦索·德·戈雷沃德可以用船“直接从几内亚的群岛和其他地区”运输“4000名包括男性和女性在内的黑人奴隶”到“印度群岛及已发现或将被发现的大西洋上的岛屿和大陆”。

特许状是对德·戈雷沃德尽忠职守的奖励，这给了他从新贸易路线中获利的第一次机会，但是他无意直接参与人口贩卖。授予他的权利被转包和转售了许多次，最后落入热那亚商人多明戈·德·福尔纳里，两个卡斯蒂利亚商人——胡安·德·拉·托雷和胡安·费尔南德斯·德·卡斯特罗，以及一位居住在塞尔维亚的热那亚银行家加斯帕尔·森图里翁的手中。他们安排了不同的海员来完成将4000名非洲奴隶运送到大西洋彼岸的工作。1519年、1520年、1521年5月和1521年10月，弗朗西斯科·德·罗萨指挥了至少4次航行来完成这项任务。每一次航行都是从阿尔金出发，在波多黎各登陆。但其他船只很可能从阿尔金出发运送奴隶到伊斯帕尼奥拉岛。1518年到1530年间，从佛得角到加勒比海至少有6次运送奴隶的航行。

1522年，将奴隶从非洲直接运往美洲的航行开始转向另一个起点：从阿尔金出发沿着非洲海岸航行约3200公里到达与现在的加蓬相对的圣多美岛。1522年，一艘载着139名奴隶的船只横渡大西洋；1529年，另一艘载着248名奴隶的船只横渡大西洋。第一批被奴役的非洲人于1526年到达北美大陆，他们是西班牙殖民圣米格尔—德—瓜尔达普(现佐治亚)邪恶计划的一部分。而墨西哥坎佩切墓地里埋葬的非洲人表明非洲奴隶可能是在埃尔南·科尔特斯—征服阿兹特克和玛雅帝国后就立即被运往了中美洲。

横跨大西洋的奴隶贸易由此诞生。从相对较小的规模开始，漂洋过海的奴隶数量越来越多。在18世纪，英国运送奴隶的船只很快就使其伊比利亚前辈相形见绌，它们运送了数以百万计的奴隶。

奴隶贸易的创伤至今犹存。当殖民地的奴隶劳役帮助欧洲列强成为富裕的工业大国时，非洲的人口和经济开始停滞不前，落后于世界其他地区。欧洲不断增长的需求意味着从事奴隶贸易的非洲统治者需要有不断增长的现成奴隶劳动力供应，这就引发了掠夺和战争，使整个非洲大陆陷入动荡不安，充斥着部落冲突和内战。北美和南美各地都有散居的非洲人，但长期存在的种族偏见在奴隶贸易结束后一直持续到21世纪，在美国尤为严重。发现时代意外导致了长达400年的跨大西洋奴隶贸易，并给殖民地国家带来了不良影响。

统治世界

殖民主义的遗留问题

The legacy of Colonialism

发现时代为欧洲殖民铺平了道路，而整个世界至今仍在应对其遗留问题

为什么欧洲语言的使用最为广泛？为什么基督教如此盛行？为什么这么多的边界都是简单的直线？简而言之，答案就是殖民帝国。欧洲帝国主义缔造了现代世界。当欧洲人穿越全球寻求与“旧世界”进行贸易时，他们意识到贸易可以通过大炮和步枪实现。这不道德，但却有利可图。先进的技术加上欧洲内部的竞争催生了帝国，世界上大部分人口都屈从于几个西欧国家的统治。

▽ 西欧的繁荣植根于残酷的殖民主义

虽然殖民主义时代已经正式结束，但现代世界仍然因它而伤痕累累。在近几十年的战争中，在高耸的摩天大楼中，在我们使用的语言中，殖民主义的遗迹随处可见。但是，少数西欧国家是如何主宰世界其他国家的呢？

探险和寻找财富——而不是征服——是激发第一批探险者去“旧世界”探险的动机。然而由于西欧国家拥有更强大的军事力量，它们与殖民地国家的关系一直是不平等的。当殖民地人民向列强发起挑战时，这种不

▽ 英国军舰在第一次鸦片战争中摧毁中国船只

平等便立刻凸显出来。在拉丁美洲，西班牙人和葡萄牙人找到了能帮助他们实现抱负所需要的资源。因此，欧洲势力最终取代了本土力量，欧洲列强开始殖民中美洲和南美洲。

同样，当英国东印度公司（EIC）在1608年首次登陆印度时，它是为了与这个占世界国民生产总值23%的发达文化强国建立贸易关系。但在印度行政长官拒绝成为公司的傀儡统治者后，双方开战。在1757年的普拉西战役中，英国东印度公司直接控制了孟加拉。在接下来的一个世纪里，这家私人公司（得到了英国政府的大力支持）从控制一个国家演变为对印度次大陆的殖民。1947年英国人离开时，印度的国民生产总值已下降到占世界国民生产总值的4%。

中国与英国之间也有一段不愉快的经历。随着茶叶在英国境内的流行，英国人提议用印度的鸦片交换中国的茶叶。看到鸦片带来的毁灭性影响，中国人拒绝了。随后，英国派出强大的海军轰炸了中国港口，使之屈服。这就是鸦片战争。

为了“维持”贸易关系，欧洲列强们毫不忸怩地展示了大国的真正实力。对利润的追求为西欧带来了数不清的财富，但也加剧了欧洲各国之间抢占先机的竞争。结果是西方列强很快发现自己无意间占领并掌管了大片的土地。换句话说，建立庞大的帝国一开始并不是西方列强为了征服世界而精心设计的战略，他们只是想比欧洲邻国拥有更大的权力。

△ 南非的种族隔离是殖民主义最可怕的后果之一

欧洲帝国的故事开始于16世纪，当时葡萄牙征服了北非的休达。到17世纪，西班牙和葡萄牙在拉丁美洲建立了殖民地，并在那里开采黄金、白银和锡。这就是为什么拉丁美洲人说他们前殖民者的语言，为什么美国人说英语，加拿大部分地区说法语。

东方主义：西方如何按照自己的形象定义东方

东方主义过去指的是发现时代对中东和亚洲的语言、文化和历史的研究。但是，文学评论家爱德华·赛义德在其开创性的著作《东方主义》(1978年)中指出，东方主义不仅仅是一种学术探索，它更是在西方的想象中创造“东方”(西欧以外的任何地方)的过程。从小说家、诗人、哲学家、政治理论家、经济学家、旅行作家、帝国行政官员到学者，每个人都把东方描绘成与西方有本质区别的地方，所以当一个人想到“东方”时，会被唤起一系列特定的观念和形象：许多人会想到残暴的苏丹君主在后宫纵欲；另一些人会想到在尘土飞扬的村庄里坐在五颜六色的脏兮兮的地毯上耍蛇的可怜人；有些人则会想到大象和骆驼。无论如何，西方人想象中的东方一点也不像“文明”的西方。

赛义德批判了西方在后启蒙时期如何创造东方。这一过程至关重要，因为西方将自己定义为与东方截然不同。正是在创造这种东方主义的过程中，欧洲优越、白人优越和种族主义的思想被孵化出来——成为殖民主义的借口。在该书出版时，赛义德的观点引起了激烈的争论，直到今天，争论仍在继续。虽然如此，东方主义对后殖民理论在历史、政治、人类学甚至音乐等方面研究的萌芽功不可没。

△ 类似朱利奥·罗萨蒂的《审视新来的女子》这样的画作，助长了西方认为东方道德沦丧的看法。然而罗萨蒂从未到过中东

△ 巴勒斯坦裔美国学者和文学评论家爱德华·萨义德(1935—2003)批判了过去和现在由西方来定义关于东方的知识的现象

与此同时，欧洲列强也盯上了非洲，但是疾病和发达的城邦使得在非洲殖民非常困难。所以他们转而贩卖人口。横跨大西洋的奴隶贸易持续了300多年，把多数奴隶运送到了巴西和加勒比地区，从事蔗糖、烟草和咖啡种植园的无偿、非自愿工作。这些商品原本只有富人能够享有，如今欧洲新兴的中产阶级却也支付得起，原因就在于奴隶劳动。许多非洲裔美国人不知道他们来自非洲的哪个地方，因为他们的祖先被绑架、装运和出售至美洲。奴隶贸易的遗迹可以看得见摸得着——美国国会大厦、白宫、华盛顿纪念碑、托马斯·杰斐逊的蒙蒂塞洛故居以及位于教堂山的北卡罗来纳大学等大学都是由奴隶建造的。

也许殖民主义危害最大的遗留问题是种族主义，它是跨大西洋奴隶贸易的基础，至今仍在影响着人们。种族主义存在于许多层面，但其核心观念是欧洲优越性和白人优越性。这一观念使殖民非洲国家和贩卖其人口在意识形态上受到认可。没有一个虔诚的基督徒会容忍帝国的暴行，所以它需要一个正当的理由。几个世纪以来的游记、诗歌、小说和学术著作对非西方地区的描述都是知识匮乏、技术落后和道德水平低下。这种描述是必要的，只有这样西方才能将自己定位为智力、技术和道德发达的国家。殖民是一种手段，目的是教化野蛮人，把他们从自我中拯救出来，它被拉迪亚德·吉卜林称为“白人的负担”。结果，成千上万的传教士在世界各地传播基督的话语，驱逐了当地的习俗，建立了欧洲的道德模式（和官僚作风）。

变白的权利

帝国的种族主义仍然存在。现在，它的运作更加隐秘，更难被发现，比如它仍存在于现代的审美标准中。在帝国时代，美丽意味着白皙。“白”的概念不仅限于肤色，还包括薄嘴唇、小脸、金发和蓝眼睛。尽管纳粹对这些标准的推崇过于极端，但这些确实是整个欧洲普遍持有的观念。即使在今天，非洲、亚洲和中东仍有数百万人通过美白皮肤来使自己看起来更有魅力。全球皮肤美白贸易是一个价值数十亿美元的产业，预计到2027年这个数字将达到240亿美元，其中亚太地区的销售份额最大。据估计，40%的中国女性使用过皮肤美白产品，60%的印度女性和77%的尼日利亚女性也使用过。从巴西到中国，世界各地的选美比赛都是由浅肤色的女性赢得的，她们的面部线条优美，棱角分明。在过去的几十年里，想要拥有“欧洲范儿”鼻子的男女数量激增，这使得中东地区隆鼻手术的比例直线上升。植根于白人至上观念的欧洲审美标准已经占据了世界审美的主导地位。

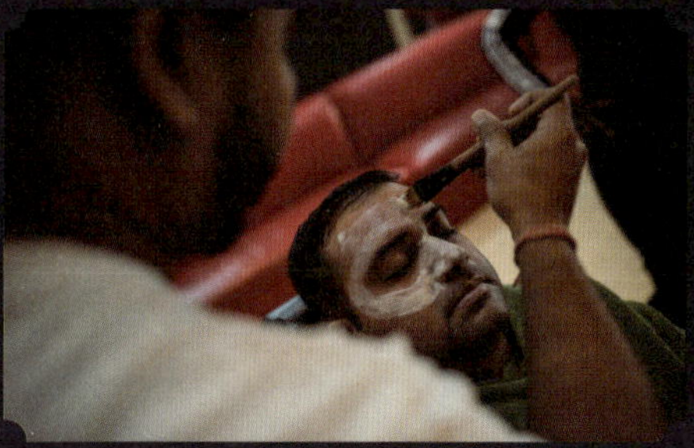

△ 皮肤美白产品可能含有危险水平的对苯二酚和汞

现代的边境线是殖民主义在世界各地引发冲突的另一个遗留问题。今天的尼日利亚是殖民的产物——这个名字是在1897年伦敦《泰晤士报》的一篇文章中被创造的，它的边境内生活着数百个部落，这些部落也会去往其他国家。尼日利亚是一项殖民政策的产物，它没有统一的语言或文化——官方语言是英语。

第一次世界大战后，法国和英国在地图上用一条完美的直线，将前奥斯曼帝国分割开来，也将中东地区的种族群体划分为不同

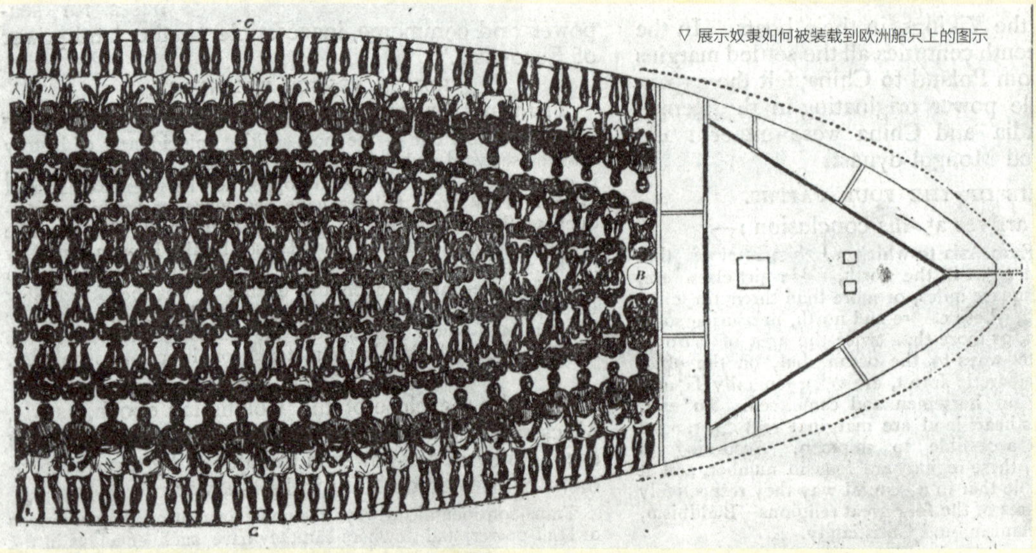

▽ 展示奴隶如何被装载到欧洲船只上的图示

的国家。巴勒斯坦被分割，引发了一场至今仍在持续的冲突。1947年，英国瓜分了印度次大陆，使1500万人沦为难民，并在随后的冲突中杀害了100万至200万人。令人震惊的是，印度次大陆的分割竟在五周内由一名从未踏足它的律师完成。1971年，东巴基斯坦宣布独立，成为孟加拉国。与此同时，克什米尔争端导致了印度和巴基斯坦之间的三场战争。虽然认为殖民者设立的边界是导致冲突的唯一原因将问题过于简单化，但它是这些问题的核心。

西方的博物馆和国库充满了从殖民地掠夺来的财富。产生最多争议的殖民地战利品是著名的科依诺尔钻石，它曾经装饰在传说中印度莫卧儿王朝的孔雀王座上。1852年，阿尔伯特亲王对它进行了重新切割，大大缩小了它的尺寸。现在它被安置在离它的出处千里之遥的伦敦塔。

“殖民被合理化为一种帮助野蛮人开化的手段”

对殖民地的掠夺并不局限于稀有的珍宝。当两次世界大战爆发时，英国调动了整个帝国的资源——物力和人力。在两场战争中，数百万印度士兵在前线作战。据说英国为纪念战争中死去的动物竖立的纪念碑明显多于为纪念为大英帝国牺牲的非西方士兵竖立的纪念碑。英语是印度的官方语言，大多数印度人都能说些英语。然而，研究表明，英语流利的印度人比英语不流利的同龄人的报酬要高出34%。流利的英语往往是受教育程度和社会地位的标志。

西欧之所以繁荣，是因为它榨干了世界其他地区的财富。尽管一些曾受过殖民主义压迫的国家正在赶超欧洲殖民者，但撒哈拉以南的非洲地区仍然极度落后。所有这些国家都必须处理殖民主义的遗留问题，而这些问题既复杂又根深蒂固。如果这些国家没有被殖民也不需要处理遗留问题，世界地图可

▽ 在两次世界大战期间，数百万印度士兵在英国军队服役

▽ 来自印度的火车被锁定为目标，以杀害前往新成立的巴基斯坦的难民

▽ 1519年，西班牙征服者埃尔南·科尔特斯会见阿兹特克国王蒙特苏马二世。科尔特斯的远征使西班牙征服了阿兹特克帝国

克里斯托弗·哥伦布于1492年在巴哈马登陆，为西班牙帝国的形成拉开了序幕

能会截然不同。殖民主义是许多摩洛哥人说法语的原因，也是英语是尼日利亚官方语言的原因。它同时解释了为什么像水果和糖这样的商品得以廉价生产，为什么数以百万计的人认为白皮肤是美丽的，为什么欧洲的博物馆充满了来自世界各地的稀有艺术品。这样的例子不胜枚举。虽然帝国时代已经一去不复返了，但它的影响以各种各样的形式存在着，有些明目张胆，有些暗度陈仓，帝国的余烬仍在继续燃烧。

△ 在尼日利亚脱离英国独立后的内战期间，尼日利亚军队进入哈科特港

署名文章

前哥伦布时期	斯科特 · 雷韦斯
外面的世界	爱德华多 · 阿尔贝特
葡萄牙帝国	琼 · 伍勒顿
西班牙帝国	琼 · 伍勒顿
克里斯托弗 · 哥伦布	多姆 · 瑞塞伊 · 林肯
阿兹特克文明的灭亡	罗宾 · 布朗
1125 天环游世界	乔纳森 · 戈登
阿方索 · 德 · 阿尔布开克	米格尔 · 米兰达
宝船航行	乔安妮 · 阿尔 · 萨马拉
南蛮时代	哈雷斯 · 阿尔 · 布斯塔尼
征服西伯利亚	多米尼克 · 埃姆斯
巴尔托洛梅乌 · 迪亚斯	爱德华多 · 阿尔贝特
詹姆斯 · 库克船长	杰米 · 弗里耶
跨大西洋奴隶贸易	斯科特 · 雷韦斯
殖民主义的遗留问题	穆罕默德 · 巴伯

图片所属

2: Wiki / Public Domain
3: Wiki
3: Wiki © Darafsh Kaviyani
4: Getty Images
5、6、7、8: Wiki / Public Domain
8: Getty Images
9: Alamy
9、11、12、13: Wiki / Public Domain
14: Alamy
16: Getty Images
17: Wiki
18: Getty Images
19: Wiki / Public Domain
20: Getty Images
22、23、24、25: Wiki / Public Domain
26、29: Getty Images
28、29、30、31: Wiki / Public Domain
30: Getty Images
32: Look and Learn
33: Getty Images (banner, drop cap), wiki/public domain (Columbus)
34: Banner (Getty Images)
34、35: Wiki / Public Domain
35: Getty Images
36、37: Wiki / Public Domain
38: Wiki / Public Domain
38、40: Getty Images
39、40: Wiki / public domain
40: Getty Images
40: Wiki © Ealmagro
40: Wiki / Public Domain
41: Getty Images
41: Wiki / Public Domain
41: Getty Images
41: Wiki © Qyd
42: Dreamstime
42、43: Look and Learn
44: Joe Cummings
45: Getty Images (banner, drop cap)
46: Joe Cummings
47、49、50、51、52: Thinkstock
52: wiki © Guillermo Marín and Gumr51
53: wiki © Wolfgang Sauber
53: wiki © © Hans Hillewaert (mask)
53、54、55: Thinkstock
55: Dreamstime
55: freevectormaps.com
55: Joe Cummings
55、56: Thinkstock
57: Wiki / Public Domain
57: Dreamstime
58: © Ian Jackson/The Art Agency
60: Wiki ©Lacobrigo
61: Sol90 Images (illustration), Getty Images (drop cap, banner)
63: © Nicholas Forder
64: 2x © Getty Images
66、69: Getty, Alamy
73: Getty
74: Getty Images
76、77: Wiki
78: Getty Images
79、80、81: Wiki
87: The Picture Art Collection / Alamy Stock Photo
88: Raj Singh / Alamy Stock Photo
88: Frank de Luyck / Alamy Stock Photo
89: Old Time / Alamy Stock Photo
90: Peter Horree / Alamy Stock Photo
93: Tuomas Lehtinen / Alamy Stock Photo
98、101: Getty, Alamy
103、104、105: Getty Images
108: Alamy
107: Getty Images
108、109、110、111、112、113: Alamy
111、114、115: Getty Images
116、117、118、119: Getty Images
123: Alamy
124: Wiki
125: Getty Images
126、129: Wiki
133: Getty, Wiki
134: Getty Images
137: Alamy, Thinkstock, Wiki, Getty
140: Alamy, Getty, Wiki
143: Alamy
147: Getty Images
148、149、150、153: Wiki
155: Alamy
156、157、158、159: Wiki / Public Domain
160: Getty Images
163: Alamy
164: Wiki / Public Domain
167: Getty Images
168: istockphoto/nuvolanevicata
169: DeAgostini/Getty Images
170: Francis Tsang/Cover/Getty Images
170: Wiki
172: Henry Guttmann Collection/Hulton Archive/Getty Images
171: Getty Images / SIMON MAINA/AFP
173: PNA Rota/Getty Images
173: Keystone Features/Getty Images
173: Hulton Archive/Getty Images